U0036365

線上下載，最新、最完整的教學計畫：http://2web.tw/73b5

課別	課程名稱	領域學習表現/議題實質內涵	
一	認識多媒體與威力導演	資 E6	認識與使用資訊科技以表達想法。
		法 E7	認識責任。
		綜 2c-III-1	分析與判讀各類資源，規劃策略以解決日常生活的問題。
		藝 1-III-3	能學習多元媒材與技法，表現創作主題。
二	夏日嬉遊記	資 E6	認識與使用資訊科技以表達想法。
		藝 1-III-2	能使用視覺元素和構成要素，探索創作歷程。
		綜 2d-III-2	體察、分享並欣賞生活中美感與創意的多樣性表現。
三	一個巨星的誕生	資 E6	認識與使用資訊科技以表達想法。
		藝 1-III-3	能學習多元媒材與技法，表現創作主題。
		綜 2d-III-2	體察、分享並欣賞生活中美感與創意的多樣性表現。
四	守護地球你和我	資 E6	認識與使用資訊科技以表達想法。
		社 2a-III-2	表達對在地與全球議題的關懷。
		藝 1-III-3	能學習多元媒材與技法，表現創作主題。
		綜 2d-III-2	體察、分享並欣賞生活中美感與創意的多樣性表現。
五	小小新聞主播台	資 E6	認識與使用資訊科技以表達想法。
		社 2a-III-2	表達對在地與全球議題的關懷。
		藝 1-III-3	能學習多元媒材與技法，表現創作主題。
		綜 2c-III-1	分析與判讀各類資源，規劃策略以解決日常生活的問題。
六	熱血青春全紀錄	資 E6	認識與使用資訊科技以表達想法。
		藝 1-III-3	能學習多元媒材與技法，表現創作主題。
		綜 2d-III-2	體察、分享並欣賞生活中美感與創意的多樣性表現。
七	創意拼貼Fun電影	資 E8	認識基本的數位資源整理方法。
		綜 2d-III-2	體察、分享並欣賞生活中美感與創意的多樣性表現。
		社 3c-III-1	聆聽他人意見，表達自我觀點，並能與他人討論。

本書學習資源

行動學習電子書

完全教學網站

第1課 第2課 第3課 第4

第1課-認

本課成果

學習目標
◆ 知道什麼
◆ 編導影片
◆ 認識素材
◆ 認識【威

電子書

單元	頁次	教學與學習活動
1-1	P08	什麼是【多媒體】
1-2	P10	用影片說故事
1-3	P14	素材的種類、差異與取得
1-4	P19	網路上的免費素材
1-5	P21	常見的多媒體編輯軟體
1-6	P22	認識【威力導演】
1-7		介面介紹
1-8	P26	小試身手－匯入與變影片

影音、動畫・高品質教學

模擬介面・互動學習

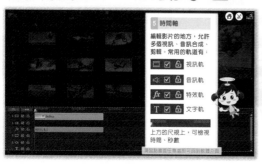

網站集成・補充教材

YouTube 音樂庫

Google 雲端硬碟

依據十二年國教課綱編寫，統整式課程設計，
3D科技應用，創客課程，促進多元感官發展。

臺北市校園國小

全書範例

第6課　第7課

威力導演

▶ 全課播放

課程資源	播放檔	時間
體 賽	▶	01:19
	▶	01:05
特點 重要性 看	▶	02:06
CC 臺灣藍鵲 社群 Lee Hansen Flickr:Creative Commons 公視創用 jamendo 音效 - YouTube	▶	02:30
	▶	00:15
導演 17】介面		01:02
載		00:33
庫 載		

課程遊戲、高學習動機

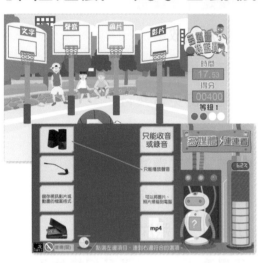

測驗遊戲・總結性評量

範例練習用圖庫・延伸學習、個別差異

台灣景點

可愛動物

世界風景

主題照片　　　　倒數圖片　　　　片頭圖片

目錄

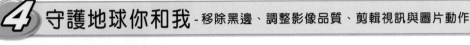

4 守護地球你和我 - 移除黑邊、調整影像品質、剪輯視訊與圖片動作

5 小小新聞主播台 - 下載更多範本、子母雙畫面、Magie Cut 與快報

Google Drive

YouTube

開麥啦！
Action！

1 認識多媒體與威力導演

-認識多媒體、素材與威力導演

PowerDirector

開麥啦！
Action！

1 什麼是【多媒體】

【媒體】就是用來傳遞【訊息】的方式，常見的有【文字】、【圖片】(影像)、【聲音】與【視訊】(動畫)。結合上述兩種以上的媒體素材來傳遞訊息，就稱為【多媒體】。

文字　運用在影片中當作【標題】、【字幕】或【註解】

可在影片中直接輸入，也可以事先用文書軟體 (例如：記事本、WordPad、Word、Writer) 預先打好備用。

圖片 (影像)

可用影像處理軟體美化或繪製圖片

常見的影像處理軟體：
▶ **PhotoCap** (免費軟體)
▶ PhotoImpact　▶ GIMP　▶ 小畫家

老師說

舉凡影片、簡報、卡通、遊戲、網站 (網頁) ...等形態，都屬於多媒體。藉由多媒體傳遞的訊息，可以引起興趣、幫助學習，也比較容易讓觀賞者 (使用者) 記住喔！

聲音 常用在影片中當作【背景音樂】、【音效】、【旁白】

常見的聲音編輯軟體：

▶ **Audacity** (免費軟體)
▶ Wave Editor ▶ GoldWave

視訊 (動畫) 可用智慧型手機、數位相機、DV 或 Webcam 拍攝，傳輸到電腦

多媒體影片

結合【文字】、【圖片(影像)】、【聲音】、【視訊 (動畫)】製作出來的影片

常見的多媒體影片編輯軟體：

▶ **威力導演**

▶ 會聲會影 ▶ 【相片】軟體 (Windows 10 內建)

2 用影片說故事

每個製作【多媒體影片】的人，都是小導演！要成為一個優秀的小導演，最基本的概念就是【用影片說故事】！

說什麼

就是想講什麼樣的故事，也就是【主題】。例如：【我的麻吉】、【校園生活】、【看見臺灣】、【節能減碳】...等。

用什麼說

就是要使用什麼【素材】。例如：只用圖片嗎？還是圖片與視訊混用？素材需要加工嗎？需要字幕、旁白或背景音樂嗎？(包含蒐集、製作與整理素材)

怎麼說

就是如何在影片中編輯素材。例如：素材的排列順序、旁白或字幕出現的時間點、選用適合的特效...等等。

看 見故事

如何讓觀眾藉由【看】影片，就能【同步】進入你想表達的情境、劇情與場景，就是小導演最重要的任務囉！

影片，就是讓你可以【看】見的故事！

開麥啦！
Action！

校園活動全紀錄

編輯影片時，可運用

文字 、 旁白 、
字幕 、 特效

來加強完整性與視覺效果。

用影片講故事，是使用其他視覺元素無法達到的方式；結合照片、影片、文字或圖表等等，在編輯整合成多媒體影片之後，保持以動態視覺說故事的清新及趣味性，是最容易吸引人的。

編導影片的流程

製作【多媒體影片】必須有整體的規劃，才能清楚地傳達訊息。規劃順序簡單來說就是：【企劃】、【腳本】、【素材】與【編輯】

企劃

構思主題、規劃影片內容與所需素材。

腳本

影片裡面的場景、素材播放順序、旁白或字幕...等等。

素材

蒐集或製作素材，並統一管理、放在專用資料夾中。

編輯

啟動編輯軟體，匯入素材開始編輯。然後輸出成影片。

如何編寫腳本

【編寫腳本】就是【說故事】。根據企劃主題，就可以做具體的腳本編寫囉！型態上大致有【分鏡腳本】與【文字腳本】兩種，例如：

分鏡腳本

腳本

影片主題：校園小主播　　　　　　　　　製作人：王小宇

鏡次	畫面	說明	聲音(音樂)	秒數
1		片頭：圖片 標題： 校園小主播	秒針音效 片頭音效	8秒
2		打球：視訊 字幕： 籃球比賽	視訊聲音 背景音樂	5秒
3		小主播：圖片 字幕： 真是活力沛啊！	背景音樂	5秒
4		扯鈴：視訊 字幕： 大家一起學扯鈴	視訊聲音 背景音樂	5秒
5		小主播：圖片 字幕： 只比我厲害一點點！	背景音樂	5秒

在表格上簡單畫出關鍵段落的畫面，並加以簡述。

文字腳本

腳本

影片主題：校園小主播　　　　　　　　　製作人：王小宇

鏡次	畫面	聲音(音樂)	秒數
1	標題：校園小主播 小主播張口說話，畫面有一台電視插畫的自製圖片。	秒針音效 片頭音效	8秒
2	字幕：籃球比賽 同學在籃球場上打球、跑跑跳跳的視訊。	視訊聲音 背景音樂	5秒
3	字幕：真是活力充沛啊！ 小主播照片，表情開心。	背景音樂	5秒
4	字幕：大家一起學扯鈴 學扯鈴校外教學視訊。	視訊聲音 背景音樂	5秒
5	字幕：只比我厲害一點 小主播照片，表情有點臭屁。	背景音樂	5秒

在紙上或用文書軟體(例如記事本、Word 或 Writer)，寫上關鍵段落的畫面構想。

會畫圖的就畫圖，不擅長畫圖的，寫字也可以喔！

老師說

選用素材注意事項

素材的內容會影響影片的精彩度與適當性，因此要注意以下要點：

❶ 符合主題　❷ 尊重智慧財產權　❸ 禁止不雅相片、圖片與視訊

❹ 相片數量：每張相片展示時間約為 4~5 秒，根據影片長度，計算該準備幾張相片

❺ 相片品質：像素品質至少要 800 x 600 以上

3 素材的種類、差異與取得

◎ 素材的種類與差異

多媒體素材有【圖片】、【視訊】與【聲音】，來了解一下它們吧！

圖片 【圖片】包含了插圖與照片，常見的格式有：

	jpg	壓縮的靜態影像，檔案小，常用於影片素材或網頁設計
	png	靜態影像，可以是透明背景的圖片，常用於外框設計、鏤空圖案或網頁設計
	gif	靜態影像，也可以是動畫影像，常用於簡單的動態影像設計與網頁設計
	tif	靜態影像，檔案大，常應用於印刷品的設計

注意：左側為系統預設圖示，一般來說，在電腦上會顯示內容縮圖

老師說

不管是圖片、視訊、聲音，在【檔案總管】的【檢視 / 詳細資料】模式下，可以看到格式種類與檔案大小：

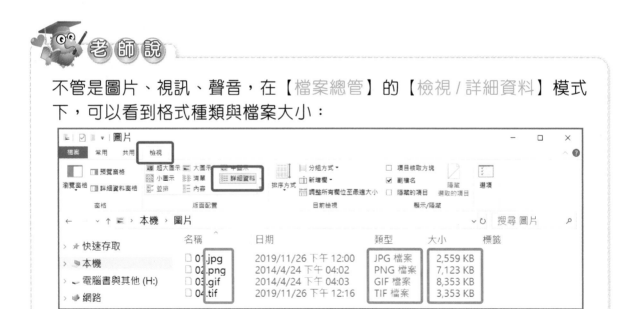

視訊

【視訊】就是俗稱的【影片】，常見的格式有：

| avi | mp4 | mpeg | mov | wmv |

檔案的大小依長度而定，畫質則以 avi 為最佳

注意：圖示為示意圖，一般來說，在電腦上會顯示預視內容的縮圖

由手機、運動攝影機或 DV 拍攝的視訊，以 mp4、mpeg 與 mov 格式最常見。

聲音

【聲音】包含了音效、音樂與旁白，常見的格式有：

圖示	格式	說明
MP3	mp3	壓縮的聲音檔，檔案小，音質佳。可存放在 MP3 隨身聽中播放
WAV	wav	音質最好，但檔案最大
M4A	m4a	是蘋果公司 (Apple) 開發的聲音格式，音質也不錯，檔案也不會太大
WMA	wma	壓縮率比 mp3 還大，檔案更小，所以音質就沒那麼好。很多 MP3 隨身聽也支援播放

注意：左側圖為示意圖，因每部電腦預設程式不同，圖示則不盡相同

◎ 取得素材常會用到的設備

我們可以使用電腦周邊的硬體設備來取得【素材】。以下就是常見的設備：

智慧型手機或數位相機

拍照後將影像傳輸到電腦

DV 攝影機

拍攝視訊或相片後，傳輸到電腦

網路攝影機

直接拍攝視訊或相片後，傳輸到電腦

掃描器

掃描圖片、照片或印刷物的圖片到電腦裡

讀卡機

讀取記憶卡中的素材，可用複製貼上的技巧，將素材儲存到電腦裡

喇叭

好的喇叭，可聽到清晰的聲音；製作多媒體時，更容易分辨音質

光碟機

讀取光碟中的圖片或聲音，最好是能讀取與燒錄 DVD / 藍光的光碟機

麥克風

錄製聲音或旁白

◎ 編輯 (處理) 素材的軟體

必要時我們可以使用軟體適度美化或修剪素材。以下是常見又好用的素材編輯軟體：

相片用
PhotoCap - 影像處理

GIMP - 影像處理

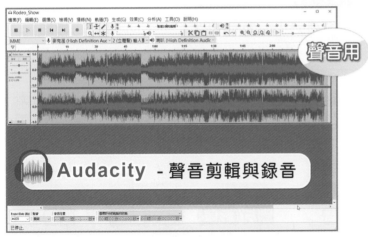

聲音用
Audacity - 聲音剪輯與錄音

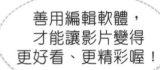

善用編輯軟體，
才能讓影片變得
更好看、更精彩喔！

影片用

威力導演 - 是編輯多媒體影片的軟體，也可
以拿來修剪視訊變成素材

◎ 素材的檔案管理

把同一類型的素材，放進專屬資料夾，統一管理，才不會要使用時亂糟糟找不到喔！管理的原則例如：

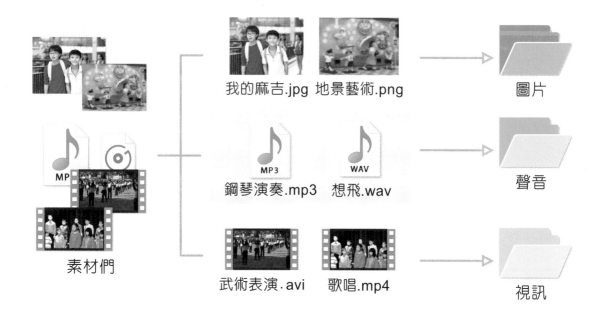

在編輯影片前，記得先新增一個【專案資料夾】，再把會用到的素材，【複製/貼上】到專案資料夾中，這樣就可避免不小心刪除或更改到原始素材了。(資料夾內也要做好檔案管理喔！) 例如：

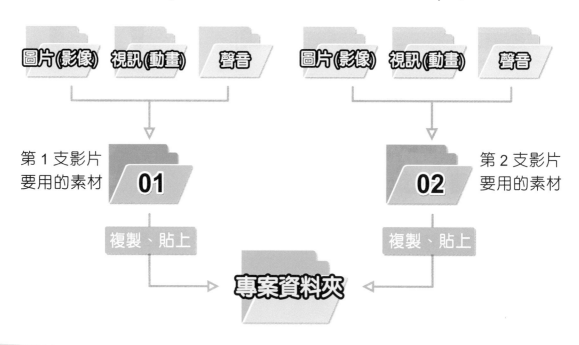

4 網路上的免費素材

除了自己製作外,網路上也有很多可以合法使用的素材喔!但為了尊重智慧財產權,讓我們先了解一下使用時的相關規定:

◎ 認識創用 CC - 四個授權要素

創用CC授權條款包括「姓名標示」、「非商業性」、「禁止改作」以及「相同方式分享」四個授權要素,其意思分別為:

這個圖表示,使用時要註明作者姓名。

這個圖表示,使用在作品時,不可以拿來獲利。

這個圖表示,使用時,只能拷貝,不可以變更或修改。

這個圖表示,使用時,只能依同樣的授權條款來發布該作品。

以【維基百科】上的資料為例:

資料來源網址

維基百科中的圖片、文字內容,都是經過授權,可以分享使用的喔!

作者資訊連結或姓名

創用CC標示

到 CC 台灣社群 網站 (https://cc.ocf.tw/),上面有更詳細的介紹喔!

🎯 免費資源網站

除了維基百科，以下網站也有提供免費圖片、視訊與聲音喔！有需要時，可以去搜尋、下載：

邊框 Lee Hansen

http://www.leehansen.com

相片 Flickr:Creative Commons

https://www.flickr.com/creativecommons

視訊 公視創用

http://cc.pts.org.tw/

音樂 jamendo

https://www.jamendo.com/en

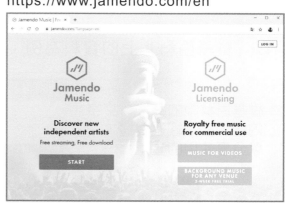

音樂與音效 YouTube

https://www.youtube.com

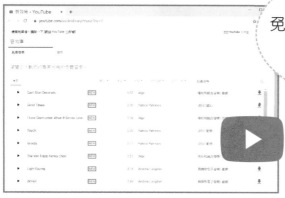

YouTube 有超多
免費、合法的音樂與音效！
如何下載，
可參考教學影片喔！

5 常見的多媒體編輯軟體

可以編輯多媒體影片的軟體很多，常見的有以下幾種：

▶ **威力導演**

【威力導演】
聽起來就很威！

▶ **會聲會影 (VideoStudio)**

▶ **相片 (Windows 10 內建)**

6 認識【威力導演】

【威力導演】不僅能剪輯影片與照片(圖片)、插入音樂(音效)，還有超多特效與範本可套用！發揮創意，即可編輯出精彩的影片！

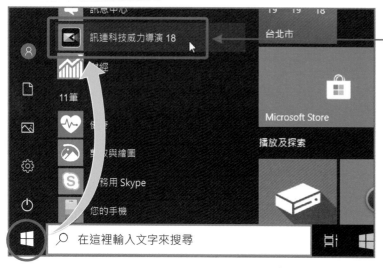

按 ⊞，點選【訊連科技威力導演 18】啟動軟體

有四種編輯模式可以選擇
A 完整模式
B 腳本模式
C 幻燈片秀編輯器
D 自動模式

威力導演的
【DirectorZone】網站上，
還提供超多免費特效
讓大家使用喔！

▶ 完整模式

完整模式

在此模式下，可運用所有功能(含各式工房與特效)。發揮創意，**玩**出非常精彩的影片！

註：威力導演17稱為【時間軸模式】

▶ 腳本模式

腳本模式

可同時快速匯入圖片與視訊、點選樣式、插入音樂、自訂視訊聲音與音樂的比重，與影片長度。**簡單快速**完成編輯！

▶ 幻燈片秀編輯器

幻燈片秀編輯器

匯入照片(圖片)、點選想要的樣式、插入背景音樂，簡單、快速地讓**照片變影片**！

▶ 自動模式

自動模式

會使用 Magic Movie 精靈，幾個步驟就能編排好媒體，並產生完整的視訊輸出檔案。**輕鬆上手**

【完整模式】介面介紹

接著讓我們了解一下，功能最完整的【完整模式】操作介面吧！

1 功能表

常用功能，有檔案、編輯、檢視、播放...等。

> 功能表右方，有專案名稱，若有星號 ＊ ，表示已修改，但尚未存檔。

2 工房項目

- 📋 媒體工房
- ƒx 特效工房
- 🖼 覆疊工房(子母畫面)
- 🎆 炫粒工房
- T 文字工房
- 🎬 轉場特效工房
- 🎛 音訊混音工房
- 🎤 即時配音錄製工房
- 123 章節工房
- 💬 字幕工房

3 素材 / 特效顯示區

顯示素材 (媒體) 或特效清單

4 功能鈕

點選不同素材、特效後，會顯示不同的功能按鈕

熟悉各個工作區的功能，在編輯影片時，就會更得心應手喔！

5 時間軸

編輯影片的地方，允許多個視訊、音訊合成、剪輯。常用的軌道有：

視訊軌	
音訊軌	
特效軌	
文字軌	

上方的尺規上，可檢視時間、秒數

6 影片預覽區

可選擇片段或全片預覽

按 ▷，播放

按 ‖，暫停

按 ▢，停止 (回到片頭)

按 ▷，下一個畫格

按 ▷▷，快轉

按 ◎，拍攝視訊快照

按 ▤，設定預覽品質

按 ◁)，設定音量

按 `適當大小 ▼`，可選擇顯示比例

7 時間軸顯示比例

按 ⊖、⊕，或拖曳 ◯，縮放時間軸的顯示大小

8 小試身手 - 照片變影片

想將手邊的照片製作成簡單的幻燈片，使用【幻燈片秀編輯器】就對啦！彈指之間，照片變影片，超簡便！

啟用【幻燈片秀編輯器】與匯入照片

為了方便練習，在電腦的【本機/影片】中建立一個【素材】資料夾，再把本書會用到的素材，複製進去備用吧！

❶ 啟動威力導演，點選【幻燈片秀編輯器】模式

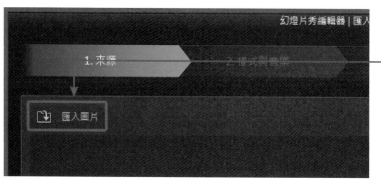

❷ 按【匯入圖片】

❸

點選【匯入圖片檔案】

小提示

點選【匯入圖片資料夾】，可以點選資料夾，一次匯入裡面的所有圖片。

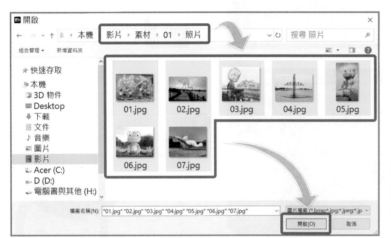

❹

開啟【影片/素材/01/照片】，然後按 Ctrl + A 全選後，按【開啟】

小提示

按住 Ctrl，再點選，可挑選想要的照片。

❺

照片就匯進來囉！

小提示

若還想匯入更多的圖片，可以再按【匯入圖片】，繼續匯入。

按住縮圖拖曳變換位置，可自訂播放順序。

❻

接著按【下一步】，準備挑選樣式

挑選樣式與匯入背景音樂

① 拖曳捲軸，可瀏覽所有樣式。讓我們點選【剪貼簿】樣式

② 按 [+♪]【選取背景音樂】

③ 按 [📂]

讓我們匯入自備的音樂吧！

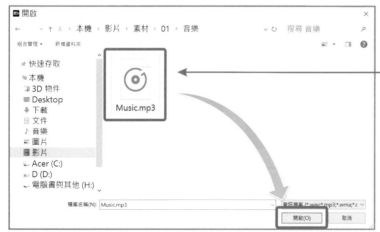

④ 點選【素材 / 01 / 音樂/ Music.mp3】，然後按【開啟】

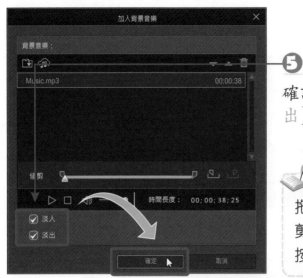

確認勾選【淡入】與【淡出】後，按【確定】

小提示

拖曳 █ 或 █，可簡單修剪音樂長度。

按 ▷ 可試聽。

設定【音樂配合圖片】

讓【音樂配合圖片】，可以保證每張圖片都能被播放；反之，若【圖片配合音樂】，可能會重複播放部分圖片。你可視需要來選擇。

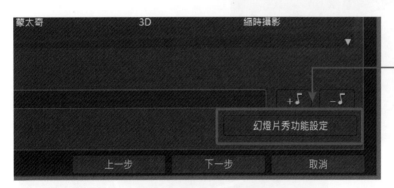

❶ 到右下方，按【幻燈片秀功能設定】

❷ 點選【音樂配合圖片】，然後按【確定】

小提示

主題卡預設是【時間軸順序】，也就是 P27 ❺ 的照片順序。

預覽影片

① 按【下一步】

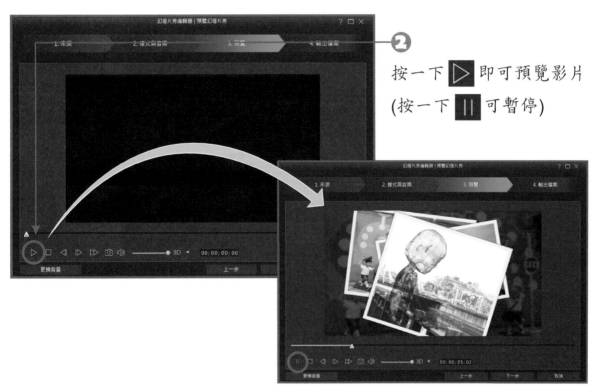

② 按一下 ▷ 即可預覽影片
(按一下 ▐▐ 可暫停)

輸出影片

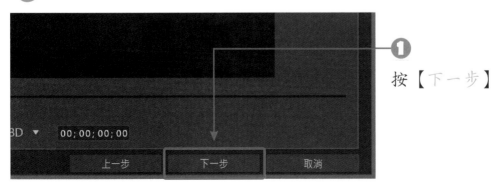

① 按【下一步】

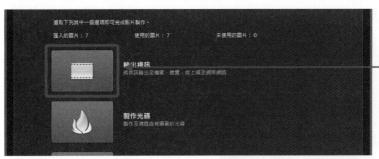

2

點選【輸出視訊】

3

設定格式：

A 點選【標準 2D / AVC】

B 副檔名點選【MP4】

C 品質點選【MPEG-4 1280 x 720 / 30p】或想要的品質

D 接著按 ▪▪▪ 準備指定儲存資料夾

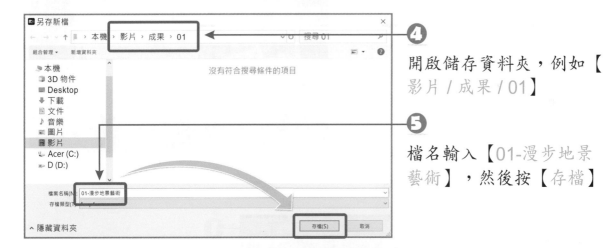

4

開啟儲存資料夾，例如【影片 / 成果 / 01】

5

檔名輸入【01-漫步地景藝術】，然後按【存檔】

6

若想一邊輸出一邊預覽，可勾選【輸出檔案時啟用預覽】

接著按【開始】，就會開始輸出

7 輸出完成，按【開啟檔案位置】

8 點兩下檔案，就會以電腦預設軟體開啟、播放影片囉！

匯出 (儲存) 專案資料

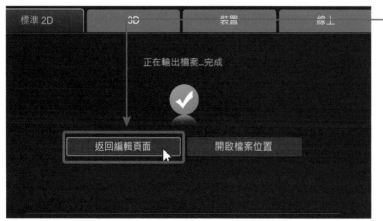

1 視窗回到威力導演，然後按【返回編輯頁面】

> 將編輯成果匯出專案資料到專用資料夾 (含儲存一份 pds 格式專案檔)，就可隨時開啟專案來繼續編修。

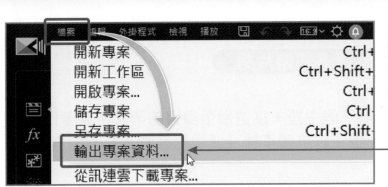

匯出之前，請在電腦建立專用資料夾，路徑例如：【本機 / 影片 / 成果 / 01 / 專案資料】。

2

到左上方功能表，按【檔案 / 輸出專案資料】

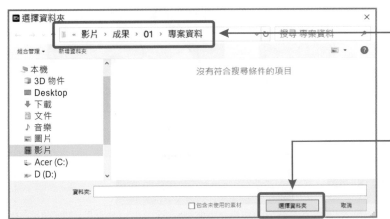

3

開啟第 1 課練習用的專案資料夾

4

按【選擇資料夾】，就會開始輸出 (儲存) 專案資料

5

完成匯出後，到右上方按 ✕ 關閉威力導演

很重要

因檔案連結的關係，用【儲存或另存專案】只能在同一台電腦編輯。

必須以【輸出專案資料夾】方式，才能將輸出的整個資料夾，攜帶至其他電腦編輯。

6

開啟專案資料夾，就會看到所有素材與一個專案檔

使用本課學到的技巧，自訂一個主題，挑選幾張身邊的照片，試著做出另一支幻燈片秀吧！(你也可以挑選本課【進階練習圖庫】的照片來練習)

練功囉

( )① 以下哪個不是構成【多媒體】的要素？

　　1. 影像　　　　　　2. 聲音　　　　　　3. 味道

( )② 以下哪個軟體可以編輯多媒體影片？

　　1. 威力導演　　　　2. Word　　　　　3. PhotoCap

( )③ 【威力導演】共有幾個編輯模式？

　　1. 五個　　　　　　2. 四個　　　　　　3. 三個

( )④ 用哪個編輯模式可快速讓照片變影片？

　　1. 幻燈片秀編輯器　　2. 腳本模式　　3. 完整模式

2 夏日嬉遊記

- 腳本模式與 Magic Movie 精靈

本 課 重 點

◎ 用腳本模式編輯影片
◎ 學會套用 Magic Movie 精靈
◎ 學會下載樣式

1 校外教學好好玩

2 啟動【腳本模式】與編輯影格

3 Magic Movie 精靈與下載樣式

4 返回編輯模式與儲存專案

懂更多 - 威力導演的偏好設定

我是高手 - 製作不同樣式的影片

校外教學好好玩

在充滿歡樂的校外教學中，大家一定也拍了很多照片與視訊(影片)
吧！用【腳本模式】就可以快速把這些珍貴的回憶變成影片喔！

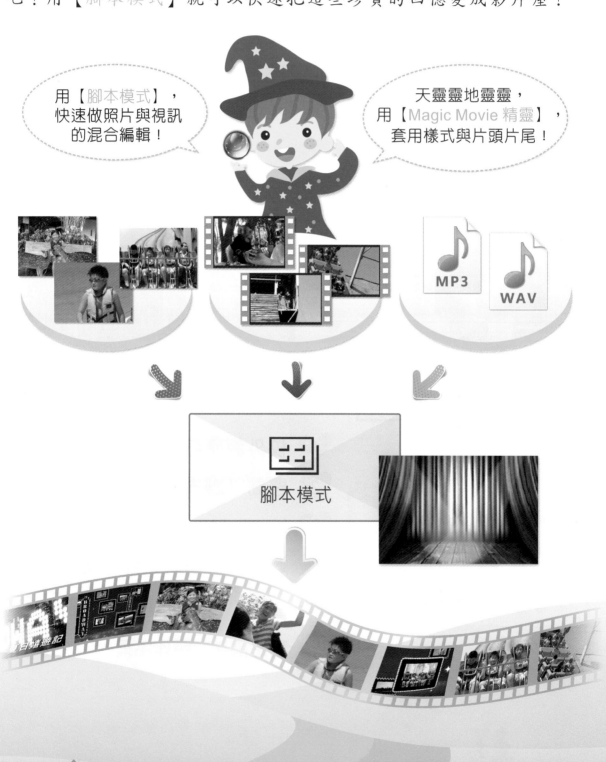

用【腳本模式】，
快速做照片與視訊
的混合編輯！

天靈靈地靈靈，
用【Magic Movie 精靈】，
套用樣式與片頭片尾！

MP3　WAV

腳本模式

2 啟動【腳本模式】與編輯影格

威力導演的【腳本模式】，最大的特色就是用一格一格的【影格】來編排時間軸！這樣就可以快速、輕鬆編輯影片喔！

匯入素材資料夾

① 啟動威力導演，點選【腳本模式】

② 點選任一內建素材，再按 Ctrl + A 全選，然後按 Delete 全數刪除

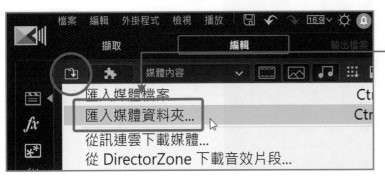

③ 到左上方按 【匯入媒體】，點選【匯入媒體資料夾】

④ 點選本課素材【02 / 照片】
資料夾，按【選擇資料夾】

用【匯入媒體資料夾】
的方式，可以一次
匯入資料夾裡的
所有素材！

⑤ 一次就匯入資料夾裡的所
有照片囉！

小提示

若想刪除某素材，點選它
後，再按 Delete 即可。

⑥ 接著再按一次【  / 匯
入媒體資料夾】，匯入
【02 / 視訊】裡的所有視
訊吧！

縮放素材顯示大小

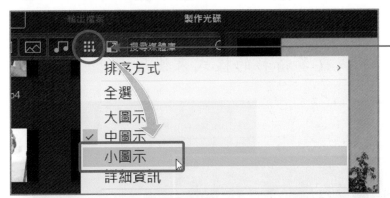

①

到媒體庫上方，按 ▦↓【媒體庫選單】，點選【小圖示】

②

不用拖曳捲軸，就可以檢視所有素材囉！

編排素材到時間軸

①

逐一按照順序拖曳素材到時間軸中，如圖示
(左到右、上到下)
01.JPG→
video01.mp4→
video02.mp4→
video03.mp4→
video04.mp4→
02.JPG→
video05.mp4→
03.JPG→
video06.mp4→
video07.mp4

上下拖曳時間軸與媒體庫之間的 ▬▬▬ ，可以調整彼此的窗格大小喔！

③ Magic Movie 精靈與下載樣式

用【Magic Movie 精靈】，可快速套用範本影片樣式、設定片頭、片尾，還可以上網免費下載更多精彩的樣式來使用喔！

◎ 啟用【Magic Movie 精靈】

① 按功能鈕列上的【工具】，點選【Magic Movie 精靈】

② 點選【時間軸】，按【下一步】

小提示

點選【媒體庫】- 會用媒體庫裡的素材為影片內容

點選【時間軸】- 會用時間軸上的素材為影片內容

下載樣式

① 按【免費下載】，會自動
開啟【DirectorZone】
網頁

② 接著到網頁右上方，按
【登入】

③ 按【加入會員】

小提示

只要有 E-mail 帳號，就
可簡單成為會員，使用
超多免費的資源。

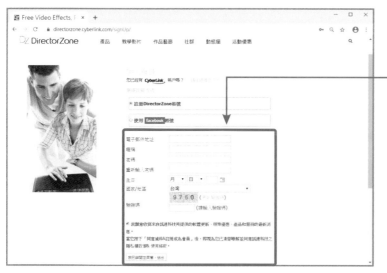

④ 再按照網頁指示,輸入資料,加入會員

填好成為會員後,網頁會自動回到【DirectorZone】網頁

⑤ 接著在【Magic Style】(魔術風格) 項目下,點選【Broadway】(百老匯) 樣式

小提示

在【DirectorZone】還可以下載很多範本與特效。這在往後的課程中,也會有介紹喔!

⑥ 按【下載】

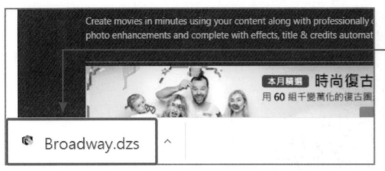

7 下載完成，到左下方按一下名稱，執行安裝

8 接著按【確定】

9 回到威力導演，發現新增一個【百老匯】樣式囉！

小提示

在樣式縮圖上，按右鍵，點選【從磁碟中刪除】，可以刪除該樣式。

設定背景音樂與混音

1 點選【百老匯】樣式後，按【設定】

小提示

你也可以使用內建的樣式，來往下試做喔！

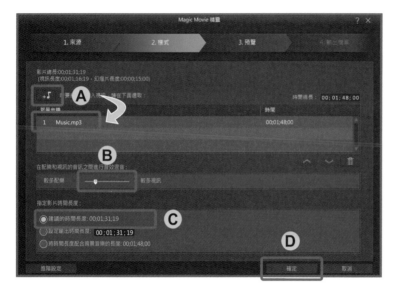

❷

匯入音樂、混音與設定影片長度：

Ⓐ 按 ⊞♪ 匯入【02 / 音樂 / Music.mp3】

Ⓑ 拖曳 ▽ 到偏左，讓素材視訊的聲音小一點

Ⓒ 點選【建議的時間長度】

Ⓓ 最後按【確定】

有片頭、片尾，影片看起來更完整！

◎ 輸入片頭與片尾文字

❶

按【下一步】

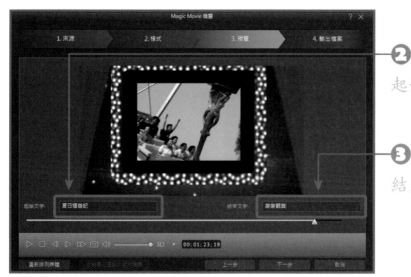

❷

起始文字輸入夏日嬉遊記

❸

結束文字輸入謝謝觀賞

先按一下 ⬜ 讓畫面回到片頭，然後按 ▷，預覽一下影片吧！

小提示

也可以拖曳 △ 到最左方，再按 ▷ 播放。

🎯 輸出影片

❶ 按【下一步】

❷ 按【輸出視訊】

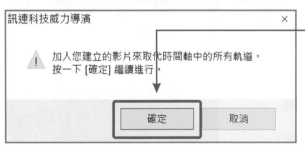

❸ 按【確定】，取代時間軸中的內容

④

設定格式：

Ⓐ 點選【標準 2D / AVC】

Ⓑ 副檔名點選【MP4】

Ⓒ 品質點選【MPEG-4
1280 x 720 / 30p】或想
要的品質

Ⓓ 接著按 ▬▬▬ ，指定儲存
資料夾與設定檔名為【02
-夏日嬉遊記】

⑤

勾選【輸出檔案時啟用
預覽】

接著按【開始】，就會開
始輸出

⑥

輸出完成，按【開啟檔案
位置】，即可點兩下影片
檔案、播放看看囉！

哇！影片看起來
超專業的！

2 夏日嬉遊記

4 返回編輯模式與儲存專案

最後讓我們儲存一下專案，以備隨時打開來修改吧！

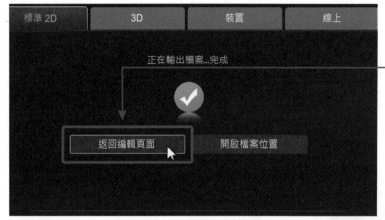

① 視窗回到威力導演，然後按【返回編輯頁面】

② 時間軸上，會自動變成套用【百老匯】樣式後的內容

小提示

點選任一影格，再到預覽區按 ▷，可以觀察套用樣式後的變化喔！

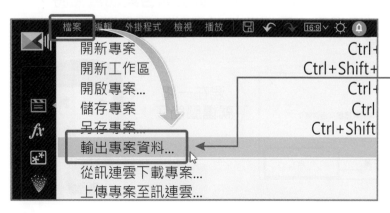

③ 接著到左上方功能表，按【檔案 / 輸出專案資料】

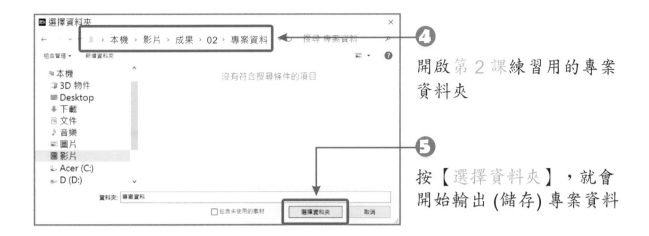

開啟第 2 課練習用的專案資料夾

按【選擇資料夾】，就會開始輸出 (儲存) 專案資料

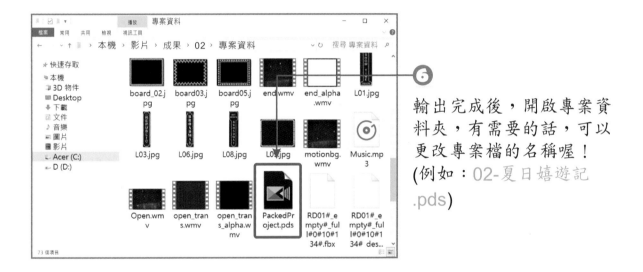

輸出完成後，開啟專案資料夾，有需要的話，可以更改專案檔的名稱喔！(例如：02-夏日嬉遊記.pds)

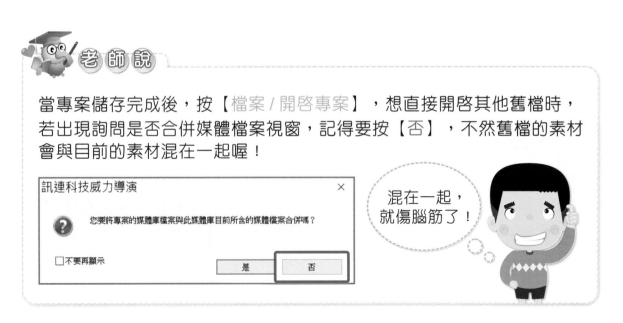

老師說

當專案儲存完成後，按【檔案 / 開啟專案】，想直接開啟其他舊檔時，若出現詢問是否合併媒體檔案視窗，記得要按【否】，不然舊檔的素材會與目前的素材混在一起喔！

混在一起，就傷腦筋了！

懂更多 威力導演的偏好設定

透過【偏好設定】，有些功能可以不用每次都重複做喔！來看看有哪些是更改後，會更方便作業的設定吧：

① 到功能表，按 【偏好設定】

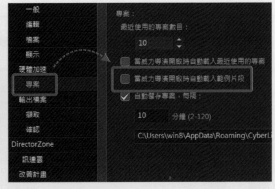

② 按【專案】項目，取消勾選【當威力導演開啟時自動載入範例片段】，啟動威力導演後，就不會載入內建素材

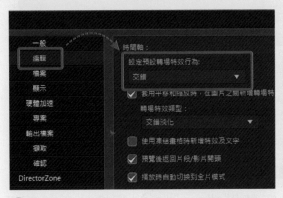

③ 按【編輯】項目，【設定預設轉場特效行為】改選【交錯】，轉場特效就會自動以交錯的方式位於素材與素材中間

④ 接著取消【播放時自動切換到全片模式】，在預覽區預覽影片時，可以只播放點選的片段，不會一直播放到最後

每個人的需求不同，就依自己的習慣來設定吧！

⑤ 最後到右下方按【確定】，設定就會立即生效喔！

我是高手　製作不同樣式的影片

使用本課的練習素材，再利用【Magic Movie 精靈】，上網下載你喜歡的樣式，編輯出不一樣的【夏日嬉遊記】吧！

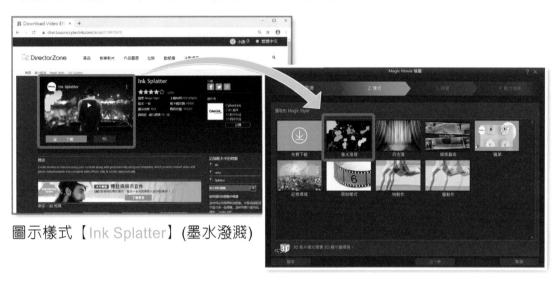

圖示樣式【Ink Splatter】(墨水潑濺)

 練功囉

( )① 以下哪個模式可以自動產生片頭、片尾？

　　1. 腳本模式　　　　2. 完整模式　　　　3. 幻燈片秀編輯器

( )② 按哪個按鈕，可以在預覽時，畫面回到片頭？

　　1. ▷　　　　　　2. ◻　　　　　　3. ◁

( )③ 在哪個網頁可以下載樣式？

　　1. Google　　　　2. YouTube　　　　3. DirectorZone

( )④ 威力導演專案檔，是哪種格式？

　　1. .pds　　　　　2. .pcl　　　　　3. .mp4

3 一個巨星的誕生

-完整模式、淡入淡出、文字範本與繪圖設計師

本課重點

◎ 懂得用影像軟體輔助
◎ 會用完整模式
◎ 學會圖文表達

俏皮的成長寫真

將照片美化一下，加上俏皮的圖說，就算只用照片，也能編輯出活潑有趣的影片喔！這一課讓我們來做一支【成長寫真秀】吧！

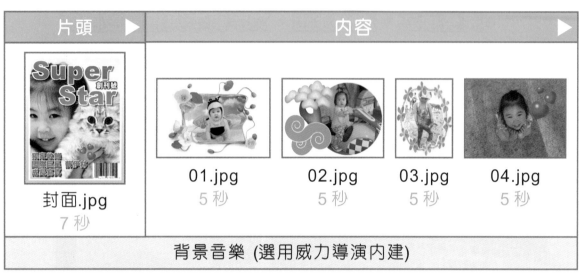

| 片頭 ▶ | 內容 ▶ |

封面.jpg
7 秒

01.jpg
5 秒

02.jpg
5 秒

03.jpg
5 秒

04.jpg
5 秒

背景音樂 (選用威力導演內建)

內容 ▶

05.jpg
5 秒

06.jpg
5 秒

07.jpg
5 秒

08.jpg
5 秒

09.jpg
5 秒

背景音樂 (選用威力導演內建)

| 內容 ▶ | 片尾 |

10.jpg
5 秒

11.jpg
5 秒

12.jpg
8 秒

背景音樂 (用威力導演內建)

圖說 (字幕) 讓我們用威力導演來做！

2 威力導演的好幫手－影像美化軟體

花一點小功夫與創意，用免費的【PhotoCap】(或【光影魔術手】)
為照片加上花樣或特效，編輯出來的影片，就會更與眾不同喔！

威力導演的
好麻吉！

老師說

在智慧型手機上，也有很多 App 可以直接美化照片，讓照片更漂亮、
活潑、有趣喔！例如：

SuperPhoto　Snapseed　Pixaloop　iPhoto　Prisma　ACDSee　PhotoMontager

用 PhotoCap 設計雜誌風片頭

我們每個人都這麼獨特，要製作【成長寫真秀】，當然也要用獨特的方式！讓我們用【PhotoCap】，設計一張有雜誌風格、大明星感覺的照片，來當影片片頭吧！

哇！趕快來做！
但...會不會很難啊？

一點都不難！
老師提示一下，
大家就會囉！

1 套用模版

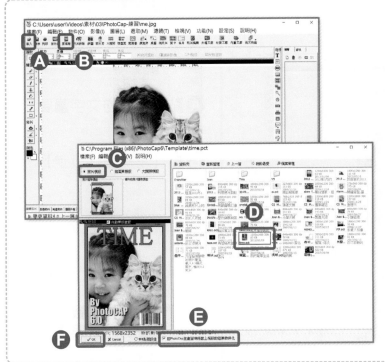

Ⓐ 啓動 PhotoCap 後，按【載入】開啓照片

Ⓑ 按【套模版】

Ⓒ 點選【照片模版】

Ⓓ 點選想套用的模版，例如【time.pct】

Ⓔ 勾選【回 PhotoCap 主畫面時將套上模版的結果物件化】

Ⓕ 按【OK】

2 隱藏 / 修改圖形物件

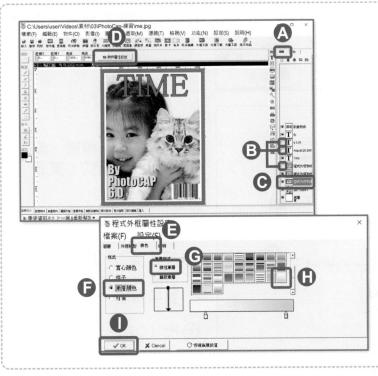

Ⓐ 在【圖層】標籤

Ⓑ 隱藏不要的物件

Ⓒ 點選底圖的物件圖層

Ⓓ 按【物件屬性設定】

Ⓔ 按【底色】標籤

Ⓕ 點選【漸層顏色】

Ⓖ 點選【線性漸層】

Ⓗ 點選想要的漸層色

Ⓘ 按【OK】

3 製作標題

Ⓐ 點選標題的文字圖層 (TIME)

Ⓑ 按【物件屬性設定】

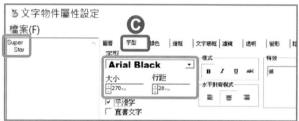

Ⓒ 按【字型】標籤，改成想要的內容與格式

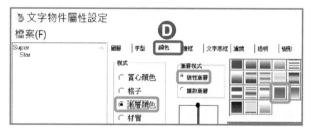

Ⓓ 按【顏色】標籤，設定想要的模式與色彩

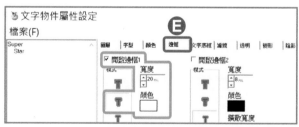

Ⓔ 按【邊框】標籤，設定想要的模式、寬度與顏色

Ⓕ 按【陰影】標籤，開啟陰影、設定相對位置與顏色

Ⓖ 按【OK】

H 仿照 **A**~**G** 技巧，修改內容提要文字

真的有大明星的感覺耶！

4 加入文字／影像物件

A 按 **T**【文字物件】選擇一個文字類型

B 按【物件屬性設定】，輸入文字內容、設定格式、效果，製作一個副標題

C 按 【影像物件】

D 加入你喜歡的物件、縮放、旋轉，並安排位置

E 最後先儲存一份【.pcl】工作檔、再儲存一份【.jpg】檔案，以備匯入到威力導演，當做片頭使用

用 PhotoCap 讓照片更漂亮

無論是影像裁切、修片、加外框、插入可愛物件、照片拼貼、套用影像特效...等，PhotoCap 都能輕鬆辦到！

3 啟用【完整模式】與匯入素材

用【完整模式】，可以更自由地編輯影片，使用最完整的功能！
來開始體驗吧！

❶ 啟動威力導演，點選【完
整模式】

❷ 刪除內建所有素材後，
按【　　/ 匯入媒體檔案】
，匯入第 2 節製作的【封
面.jpg】

❸ 按【　　/ 匯入媒體資料
夾】，匯入練習素材【03
/ 照片】裡的所有照片

4 播放順序、時間與淡入淡出

素材都匯入完成囉！接著來編排播放順序、時間，並設定片頭淡入、片尾淡出的效果吧！

◎ 編排播放順序

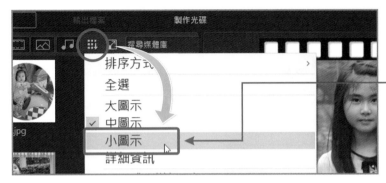

1

按【 / 小圖示】，縮小素材縮圖，方便檢視

2

按住【封面.jpg】不放

3

拖曳到視訊軌的最前方

4

按住【01.jpg】不放，拖曳到視訊軌上【封面.jpg】的後方

直到左方出現藍色直線，放開左鍵，兩個素材就接在一起囉！

⑤

接著循序拖曳【02.jpg】
~【12.jpg】到視訊軌，
將它們接起來

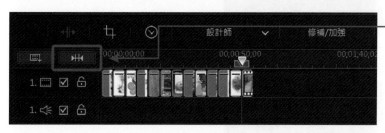

⑥

按一下時間軸左上方的
▶◀◀【檢視整部影片】

⑦

素材就會充滿整個時間軸
，方便整體檢視

小 提 示

想刪除時間軸上的素材，
就點選它，按 Delete ，
再選擇想刪除的方式。

| 移除並保留空隙 |
| 移除並填滿空隙 |
| 移除、填滿空隙和移動所有片段 |

老 師 說

縮放顯示時間軸，還有三種方法：

❶ 點按⊕【放大】或⊖【縮小】鈕

❷ 拖曳縮放軸的 ● 捲軸鈕
　 (向右→放大；向左→縮小)

❸ 游標移到尺規上，按住左鍵不放，
　 向右拖曳→放大；向左拖曳→縮小

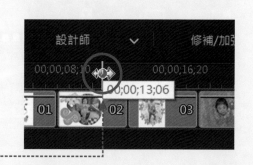

設定每張照片播放時間

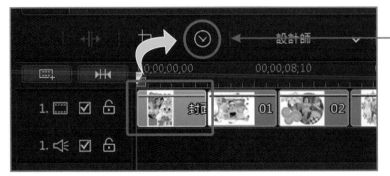

1 點選視訊軌上的第1張照片(封面.jpg)，再按

【變更選取片段的長度】

2 預設的照片播放時間是 5 秒

$$00 ; 00 ; 05 ; 00$$

時　分　秒　畫格

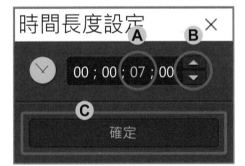

3

更改為 7 秒：

A 點選【05】

B 按 ▲▼ 的 ▲，改成【07】

C 按【確定】

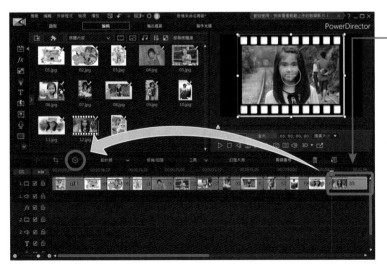

4

點選最後一張照片，將播放時間更改為 8 秒

小提示

片頭等於是宣告主題、最後一張照片等於是片尾，將它們的播放時間設定長一點，才能看得更清楚。

畫面淡入與淡出

影片突然開始、或突然結束，難免會有一些突兀的感覺！這時候用
【淡入/淡出】的效果，就對啦！

1 點兩下第 1 張照片

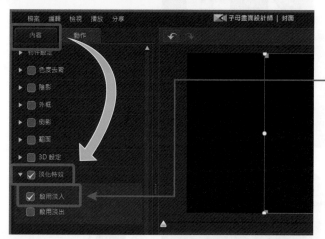

2 在【內容】標籤下，
勾選並展開【淡化特效】
，接著勾選【啟用淡入】
，再按【確定】

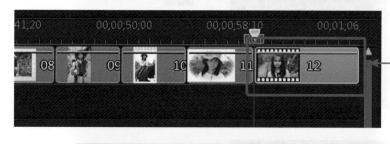

3 點兩下最後一張照片

4 勾選並展開【淡化特效】
，接著勾選【啟用淡出】
，再按【確定】

⑤ 用【文字範本】當圖說

用【文字範本】可以製作圖說，也可以製作標題，應用範圍超靈活喔！這一課讓我們用它來當圖說吧！

◎ 新增文字範本與設定字型

按 T【文字工房】

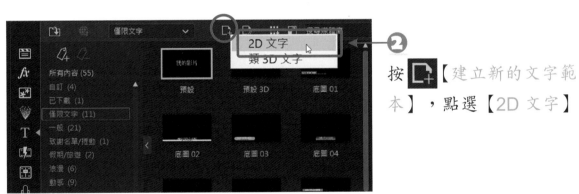

按 ⊡+【建立新的文字範本】，點選【2D 文字】

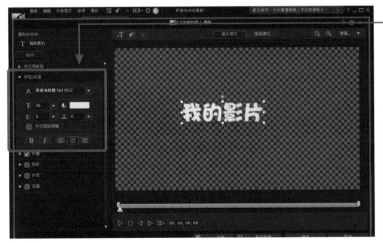

展開【字型 / 段落】，然後設定：

• A字型 - 華康海報體 W12
　　　　　(或類似字型)

• T字型大小 - 36

• ◔字體色彩 - ▨

• ☰對齊方式 - ☰【置中】

◎ 設定外框

①

收合【字型 / 段落】，
勾選並展開【外框】，
然後設定：

- 大小 - 3 (拖曳捲軸鈕)
- 色彩 - ■ (黑色)

◎ 設定陰影

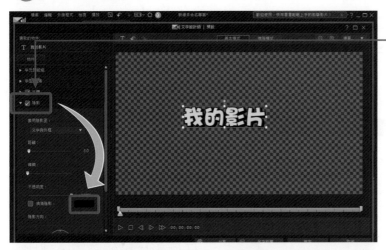

①

收合【外框】，勾選並
展開【陰影】，先設定
顏色為 ■ (黑色)

②

接著設定：

- 距離 - 1
- 模糊 - 10
- 透明度 - 30%

點選數字，再用 ⬆⬇，會
比較方便設定喔！

3

按住文字框線，拖曳文字
到下方約圖示位置

4

按【確定】

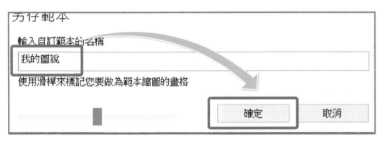

5

名稱輸入【我的圖說】，
然後按【確定】

◎ 預先儲存專案

1

練習至此，按【檔案／輸
出專案資料】，預先儲存
一下練習檔案吧！

> 任何影片剪輯軟體，都比
> 較耗費系統資源，最好每
> 隔一段時間就順手儲存一
> 下，避免因當機或其他因
> 素，導致白費心血！

想修改文字範本，只要在【文字工房】中，
點兩下範本縮圖，即可開啟【文字設計師】
來編修喔！

拖曳文字範本到時間軸

為照片加上圖說，可以加強照片的故事情境！不管是正經的、有趣的、搞笑的、酷酷的...，隨你愛怎麼說，就怎麼說吧！

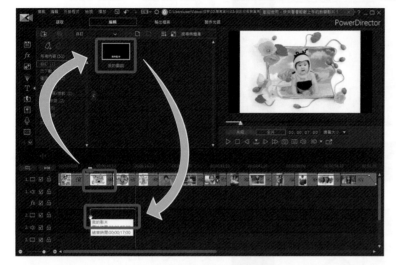

1

先點選第 2 張照片，再拖曳【我的圖說】文字範本到第二個視訊軌上，前端對齊紅線 (= 對齊圖片的前端)

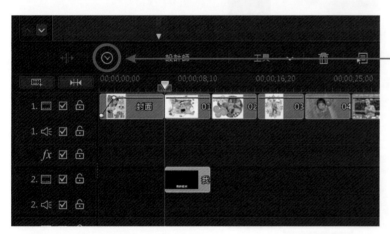

2

接著設定播放時間為 5 秒

修改圖說內容

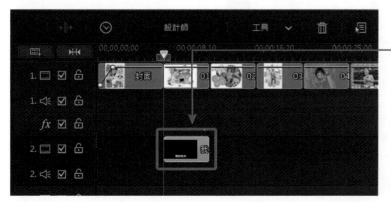

1

點兩下視訊軌上的文字範本，開啟【文字設計師】視窗

2 拖曳選取預覽區上的所有文字

3 更改文字內容為：
小蜜蜂嗡嗡嗡

小提示

若有需要，可以按住文字框線，拖曳調整位置喔！

4 按【確定】

5 在影片預覽區，可以看到圖說變成想要的內容囉！

接著利用一點時間，為其他照片都加入圖說吧！(播放時間皆為 5 秒)

注意：● 修改文字內容時，還可以點開【字型 / 段落】項目，更改字型大小

● 當範本接到前一範本後端時，若出現右側的視窗，就在視窗外空白處點一下，再重新接一次即可

	覆寫	Ctrl+Drop
	插入	
	插入並移動所有片段	Shift+Drop
	交叉淡化	Alt+Drop

跟我一起去兜風

才不是玩泥巴！是美容！

走不動了！揹揹~

老闆，再來一支！

嘻嘻，不給糖就搗蛋！

神呀！(換行)
請把禮物變多、作業變少！

傳說中的瞇瞇眼公主

留下過路費兩元！

看過來！我是神勇女騎士！

文藝美少女

最佳女主角就是我

你可以發揮創意，說你想說的喔！

6 繪圖設計師 - 動態簽名

用【繪圖設計師】，可以輕鬆製作動態的簽名效果！讓我們在片尾加上一個動態簽名，就更有大明星的感覺囉！

1

開啟【繪圖設計師】：

A 點選最後一張照片

B 按【外掛程式】

C 點選【繪圖設計師】

2

設定工具、寬度與色彩：

A 點選【筆】

B 寬度設為【20】

C 色彩設為 ■

3

到預覽區，徒手簽一下英文名字吧！(不需一筆寫完喔！)

> 若不滿意所寫 (畫)，可按 Ctrl + Z，復原後重新再寫。

④

【凍結】設定為 4 秒，然後按【確定】

> 【凍結】時間 4 秒，就是動態效果後，靜止4秒。

⑤

名稱輸入【我的簽名】，然後按【確定】

⑥

這個動態簽名，會放在 🎆【覆疊工房】裡

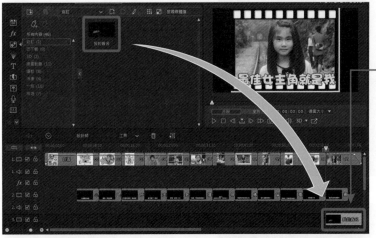

⑦

接著將動態簽名物件，拖曳到第 3 個視訊軌上、左方對齊最後一張照片

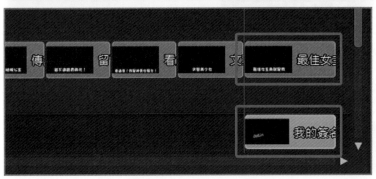

⑧

最後將圖說與動態簽名的播放時間，都修改為 7 秒吧！

加入內建背景音樂

威力導演也有提供很多內建的音樂讓大家使用喔！讓我們來挑選一個，當作背景音樂吧！

🎯 下載與加入內建音樂

1

開啟【背景音樂】庫：

A 按 📋【媒體工房】

B 按【媒體內容】

C 點選【背景音樂】

2

找到並點選
【BLUE DATE】，然後
按 ▷ 試聽一下

3

接著在【BLUE DATE】
上按右鍵，點選【下載】

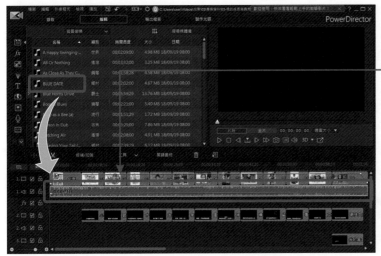

4 下載完成後，拖曳音樂到第一個視訊軌下方的音軌最前方 (對齊第一張照片)

◎ 修剪與淡出

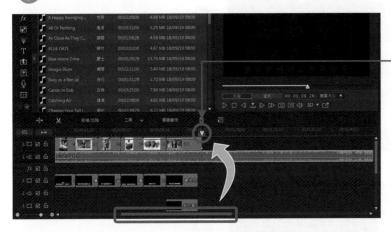

1 向右拖曳時間軸捲軸，直到顯示片尾

接著在時間表上點一下，再拖曳 ▽ 至片尾最末端

2 在音訊選取狀態下，按

⊣├ 【分割選取的片段】

3 點選分割後的後半段音樂，按 Delete 將它刪除

4 接著放大顯示時間軸

5

點選音樂，然後將游標移到音量線 (橫線) 上、約如圖示位置

接著按住 Ctrl ，游標變成■後，點一下指定淡出起始點

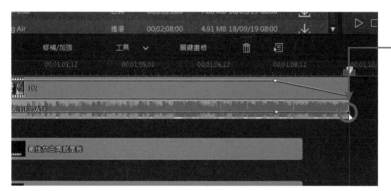

6

游標移到音量線最末端，按住 Ctrl ，直到出現■

7

按住■，拖曳到最底端 (= 將該點音量設定為無)

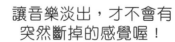
讓音樂淡出，才不會有突然斷掉的感覺喔！

預覽與儲存專案

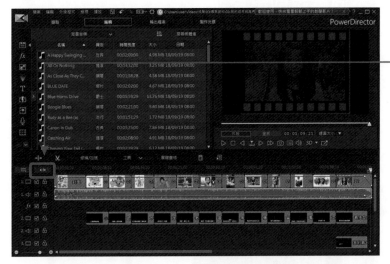

1

按一下 ，完整顯示時間軸

✎ **小提示**

編輯影片時，常常需要整體顯示時間軸，方便檢視片段之間的編排狀態。

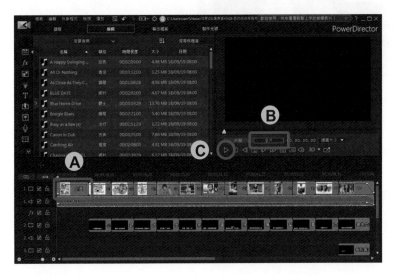

2

預覽一下編輯成果：

A 點選時間軸上的第 1 張照片

B 到預覽區，按【全片】

C 按 ▷ 預覽影片

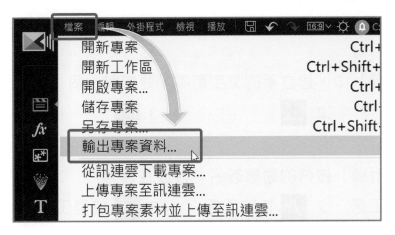

3

影片編輯完成囉！儲存一下專案資料，然後輸出影片來觀賞一下吧！

我是高手　製作不同圖說的影片

使用本課的練習素材，發揮創意，自訂想要的圖說，再換一個內建的背景音樂，編輯出另一支成長寫真秀吧！

用自己的照片做一支全新的影片，加分加很多喔！

( )① 下面哪個編輯模式，可以讓你隨心所欲編輯影片？

　　1.腳本模式　　　　2.幻燈片秀編輯器　　3.完整模式

( )② 想將素材放進視訊軌(音軌)，要用什麼方式？

　　1.拖曳　　　　　　2.在素材上點兩下　　3.在素材上按右鍵

( )③ 在【文字工房】中，建立新的文字範本，要按哪一個？

　　1.▢　　　　　　　2.▢　　　　　　　　3.▢

( )④ 用【繪圖設計師】做好的動態簽名，存放在哪裡？

　　1.▢ 媒體工房　　2.▢ 特效工房　　　3.▢ 覆疊工房

4 守護地球你和我

-移除黑邊、調整影像品質、剪輯視訊與圖片動作

一起來守護地球！

本課重點

◎ 讓影像充滿畫面
◎ 學會調整影像品質
◎ 修剪視訊與分離音訊
◎ 學會設定動態效果

珍愛地球靠你我

環保愛地球，是全世界共同的課題！這一課讓我們以【守護地球你和我】為主題，做一支宣導影片吧！

片頭 ▶	內容 ▶
封面 5秒	01-工業汙染 7秒　　02-汽車廢氣 7秒　　03-水汙染 5秒　　04-外牆冷氣 7秒
	Music01.wav

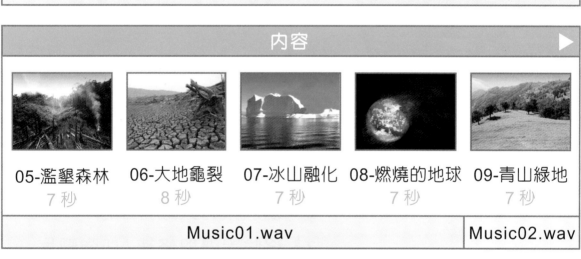

內容 ▶

05-濫墾森林 7秒　　06-大地龜裂 8秒　　07-冰山融化 7秒　　08-燃燒的地球 7秒　　09-青山綠地 7秒

Music01.wav　　　　　　　　　　　　　　　　　Music02.wav

內容 ▶　　　片尾

晴空 (視訊) 7秒　　沙灘 (視訊) 7秒　　10-守護地球 12秒

Music02.wav

我們還要加入會動的字幕與卡通圖片喔！

② 匯入素材與編排順序、時間

首先讓我們匯入所有練習用的素材(圖片、照片、視訊與音訊)，然後編排一下播放順序與時間吧！

◎ 匯入素材與編排播放順序

> 練習之前，記得將本課練習用的素材複製到專用資料夾喔！

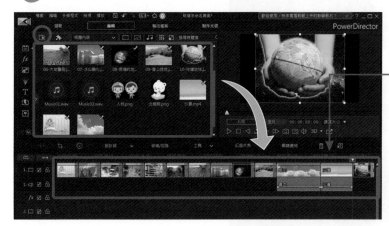

1

啟動完整模式，接著匯入本課練習資料夾【04】

再依序將圖片(照片)與視訊拖曳到視訊軌、編排如圖示；

封面 → 01-工業汙染 → 02-汽車廢氣 → 03-水汙染 → 04-外牆冷氣 →
05-濫墾森林 → 06-大地龜裂 → 07-冰山融化 → 08-燃燒的地球 →
09-青山綠地 → 晴空.mp4 → 沙灘.mp4 → 10-守護地球

 老師說

穿插素材到素材間

按住素材、拖曳到視訊軌的素材之間，再點選 Ⓐ 或 Ⓑ 即可。

Ⓐ 插入

只移動該軌道上的素材片段，不影響其他軌道上的素材。

Ⓑ 插入並移動所有片段

插入後，其他軌道上的素材片段都會向右移動

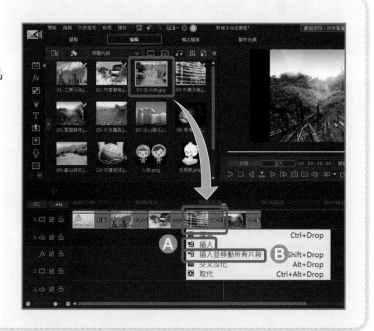

◎ 設定播放時間

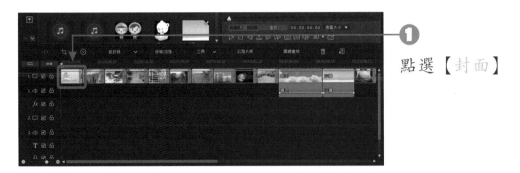

① 點選【封面】

② 按住 Shift ，再點選【09-青山綠地】，一次複選這10個片段

③ 按 🕐 ，將它們的播放時間，設定為【7秒】

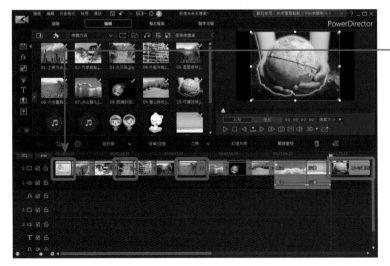

④ 接著再單獨設定圖示片段播放時間：

【封面】 - 5秒
【03-水汙染】 - 5秒
【06-大地龜裂】 - 8秒
【10-守護地球】 - 12秒

③ 移除黑邊與修補/加強圖片

目前最常見、普遍的影片比例是 16:9，但如果素材的比例是 4:3，就會出現黑邊的現象！該怎麼解決這個問題呢？

◎ 解決 4:3 素材的黑邊問題

透過縮放 4:3 比例素材的方式，就可以讓它充滿 16:9 的畫面，而不會有黑邊的現象喔！

◎ 縮放素材使充滿畫面

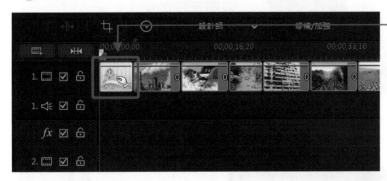

❶ 點兩下【封面】片段，開啟【子母畫面設計師】視窗

❷ 按一下 ▭ ，點選【貼齊參考線】(若預設已勾選，則不必點選)

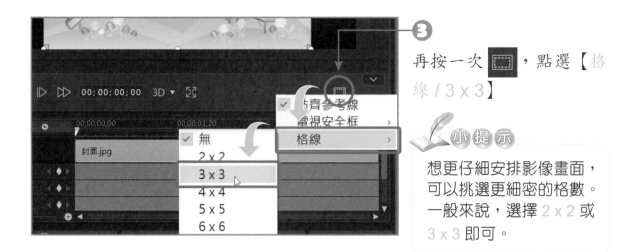

3 再按一次 ，點選【格線 / 3 x 3】

✎ 小提示

想更仔細安排影像畫面，可以挑選更細密的格數。一般來說，選擇 2 x 2 或 3 x 3 即可。

4 按幾下 🔍，縮小顯示預覽

現在的影像，只顯示在中央，並沒有充滿預覽區。

5 分別拖曳右上與左上的控點，放大圖片，使左右貼齊預覽區

✎ 小提示

當圖片邊緣靠近虛線框，會自動吸附上去。

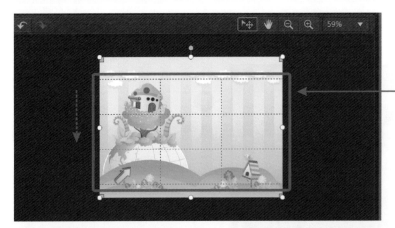

6 按住 Shift ，再向下拖曳圖片，調整位置約如圖示

7 最後按【確定】

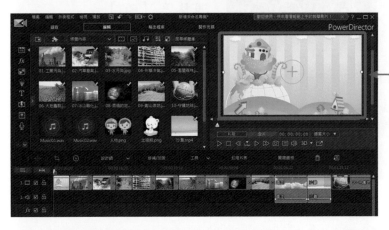

8 素材填滿整個 16:9 的畫面囉！

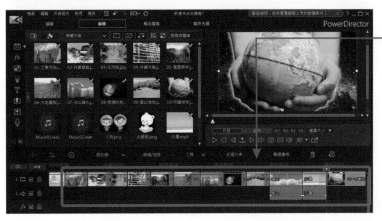

9 接著利用一點時間，將其他素材都設定成填滿畫面吧！

> 練習至此，可以預先儲存一下專案資料喔！

🎯 修補 / 加強影像

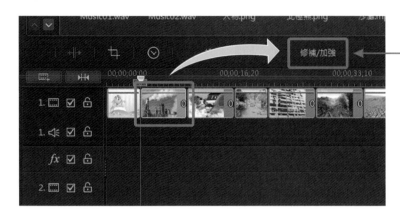

① 點選【01-工業汙染】，
按【修補 / 加強】

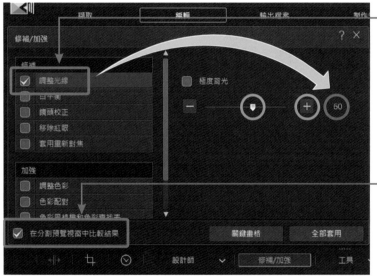

② 調亮整體光線

勾選【調整光線】，拖曳
捲軸鈕或按 ➕，將亮度
調整為【60】

③ 勾選【在分割預覽視窗中
比較結果】

調整前　　　　調整後

④ 在預覽區就可以看到比較
圖喔！

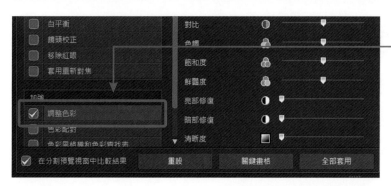

5 調整亮度與飽和度

勾選【調整色彩】

6

向右拖曳【亮度】的捲軸
鈕，讓亮部更亮一點

暗 → 亮

7

向右拖曳【飽和度】的捲
軸鈕，讓色彩更亮麗

亮 → 飽和

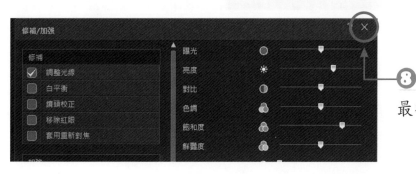

8

最後按 ✕ 關閉設定視窗

修剪視訊長度與分離音訊

視訊如果太長 (或只想播放其中某段影像)，該怎麼辦呢？用威力導演，就可以修剪喔！

修剪長度

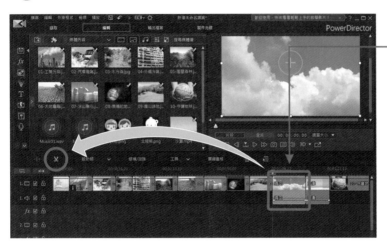

1 點選【晴空】(視訊)，然後按 ✂

小提示

視訊長度，只能修剪或擷取片段，無法加長喔！

2 按住視訊結束標記 ▌、向左拖曳，直到時間變成大約 7 秒 (00 ; 00 ; 07 ; 00)

懂更多 視訊預剪功能

除了可以在視訊軌上修剪視訊，也可以在媒體工房 (媒體庫) 上進行【預剪】喔！方法請參考教學影片。

A 這裡是視訊總長度

B 這裡是視訊開始播放
的時間點

● 可拖曳時間軸的 ▮
，也可直接輸入數
值來自訂

C 這裡是視訊結束播放
的時間點

● 可拖曳時間軸的 ▮
，也可直接輸入數
值來自訂

按【確定】，完成修剪

小 提 示

這裡的【修剪】其實是設
定視訊的播放長度，並不
是真正剪除。你隨時都可
以再按 ✂ 來修改喔！

④ 接著將【沙灘】也修剪成
7 秒吧！

老 師 說

你還可以【多重修剪】，將同一視訊剪成多段視訊喔！方法請參考
教學影片。

📍 分離音訊

大部分的視訊，尤其是自己拍攝的，如果有雜音，或不想要的聲音，
該怎麼辦呢？把視訊與音訊分離出來，再刪掉音訊就可以囉！

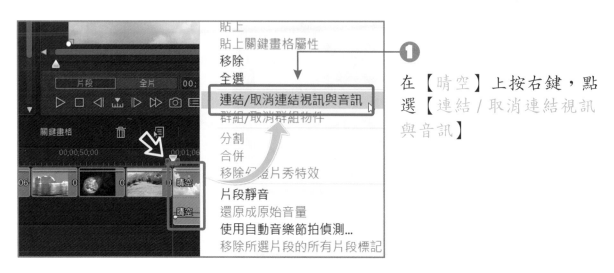

① 在【晴空】上按右鍵，點選【連結 / 取消連結視訊與音訊】

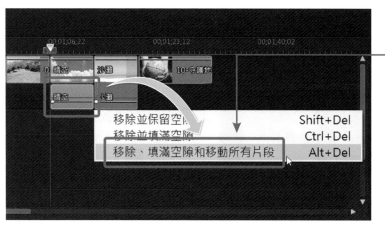

② 點選分離出來的音訊，按 Delete ，點選【移除、填滿空隙和移動所有片段】

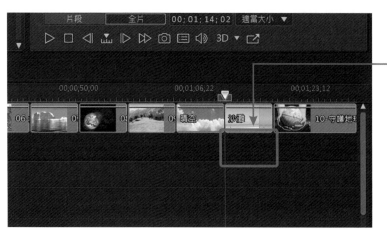

③ 接著分離【沙灘】的視訊與音訊，並將它的音訊移除吧！

設定背景音樂

① 拖曳【Music01.wav】到
音訊軌的最前方

② 拖曳【Music02.wav】接
在【Music01.wav】後方

這兩個音訊，
都是預先剪輯好、
符合影片需要的音樂！

用什麼軟體？
怎麼剪輯呀？

 老師說

剪輯音訊

使用免費的【Audacity】音訊編輯軟體，
可預先剪輯音訊，以符合編輯影片所需。
操作方法，可以參考教學影片喔！

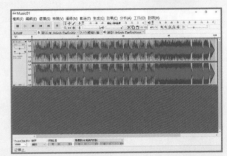

5 圖片的平移與縮放

靜止的圖片，播放時，難免有些平凡無趣。讓我們為它們加入【平移與縮放】動態效果吧！

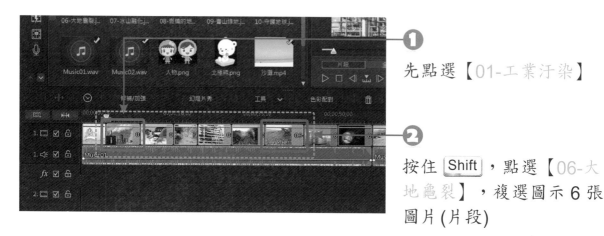

1 先點選【01-工業汙染】

2 按住 Shift ，點選【06-大地龜裂】，複選圖示 6 張圖片(片段)

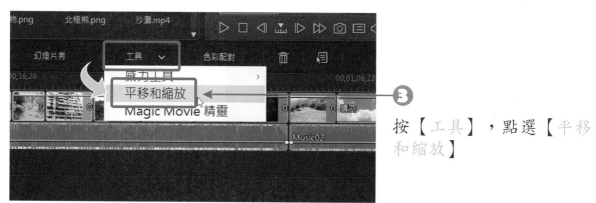

3 按【工具】，點選【平移和縮放】

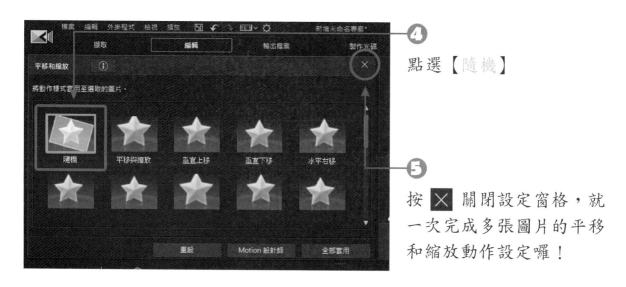

4 點選【隨機】

5 按 ✕ 關閉設定窗格，就一次完成多張圖片的平移和縮放動作設定囉！

⑥ 會動的字幕－文字特效

還記得在第 3 課學過如何自訂 (新建) 文字範本來當字幕嗎？現在，我們還要讓它動起來喔！

◎ 拖曳範本到視訊軌與設定格式

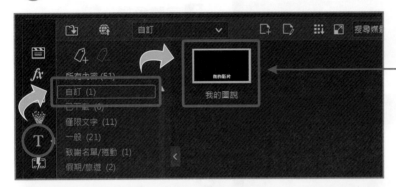

① 按 **T**【文字工房】，點選【自訂】，顯示在第 3 課自訂的文字範本

② 拖曳文字範本到第 2 個視訊軌的最前方

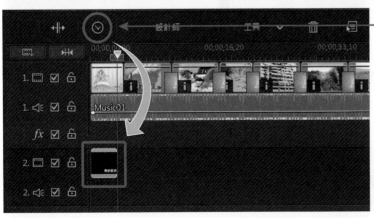

③ 設定播放時間為 4 秒後，點兩下開啟文字設計師視窗

展開【字型 / 段落】，設定字型與格式：

- 字型 - 華康超圓體
  (或類似字型)
- 字型大小 - 42
- 字體色彩 - ■
- 行距大小 - 10
- 按 *I* 【斜體】

⑤

勾選並展開【外框】，顏色設定為 □ (白色)

◎ 修改文字內容

❶

拖曳文字到圖示位置，並修改內容為：
守護地球 (換行) 你和我

 小提示

在文字前面點一下，再按空白鍵，可以往右推移文字喔！

設定特效

1

按【進階模式】，然後點選【特效】標籤

小提示

在【動作】標籤下，可以套用路徑動畫，這在下一節會有練習。

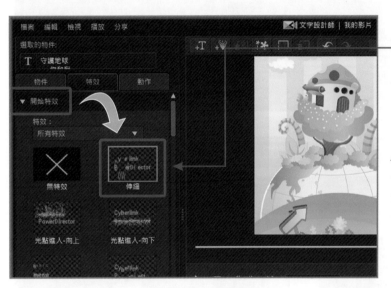

2

展開【開始特效】，點選【伸縮】特效

小提示

若想取消特效，就按一下【無特效】即可。

3

按一下 ▣，再按 ▷，預覽一下效果吧！

4

最後按【確定】，完成設定

接著利用一點時間，在其他照片與視訊上加入有特效的字幕 (如圖示)
注意：【晴空.mp4】與【沙灘.mp4】共用一個字幕 (十大宣言) 喔！

在本課練習資料夾中，有個
【字幕內容.txt】檔案。
在更改字幕內容時，可以先
開啟此檔案，再用複製貼上
方式來快速更改。

有需要的話，
可以更改一下
字型大小、字型顏色、
外框色彩...等等
設定喔！

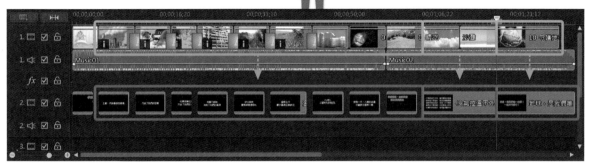

01-工業汙染 / 字幕時間：6秒

02-汽車廢氣 / 字幕時間：6秒

03-水汙染 / 字幕時間：4秒

04-外牆冷氣 / 字幕時間：6秒

05-濫墾森林 / 字幕時間：6秒

砍伐森林
讓氣候變得惡化

06-大地龜裂 / 字幕時間：7秒

溫度上升
讓水資源逐漸缺乏

07-冰山融化 / 字幕時間：6秒

冰山融化
北極熊失去牠的家

08-燃燒的地球 / 字幕時間：6秒

總有一天，人類的命運
也會跟北極熊一樣

09-青山綠地 / 字幕時間：6秒

保護環境，搶救家園
就從你我開始

晴空+沙灘 / 共用字幕，時間：14秒

- 冷氣控溫不外洩・隨手關燈拔插頭
- 節能省水更省錢・綠色採購看標章
- 選車用車助減碳・每週一天不開車
- 鐵馬步行兼保健・多吃蔬食少吃肉
- 自備杯筷帕與袋・惜用資源顧地球

10-守護地球 / 字幕時間：15秒

地球，是我們唯一的家！
一起來守護它！

想換動作特效，
到視訊軌上點兩
下文字範本，你
就會知道該怎麼
做啦！

選自己想要的，
才有個人風格！

◎ 圖片淡入淡出

搭配文字的動態效果，在圖片上也設定【淡入淡出】，視覺上會更融合生動喔！

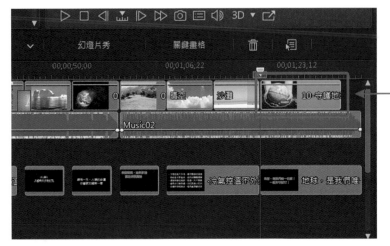

① 點兩下【10 -守護地球】開啟【子母畫面設計師】

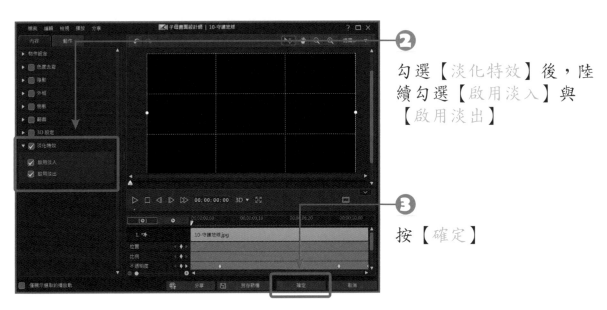

② 勾選【淡化特效】後，陸續勾選【啟用淡入】與【啟用淡出】

③ 按【確定】

④ 接著也將其他圖片都設定淡入淡出吧！

7 卡通圖片動起來

在影片中適度加入可愛的圖案,再套用一下動態效果,即使是嚴肅的主題,也可以變得比較輕鬆喔!

◎ 淡入淡出與彈跳效果

① 拖曳【人物.png】到第 3 個視訊軌的最前方,設定時間為 5 秒

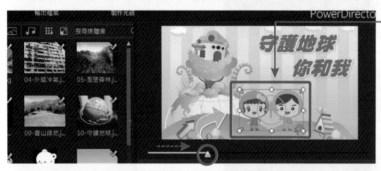

② 拖曳預覽區的時間軸鈕,直到清楚顯示底圖

然後拖曳控點縮小圖片,並安排到圖示位置

③ 點兩下人物圖片,設定淡入與淡出

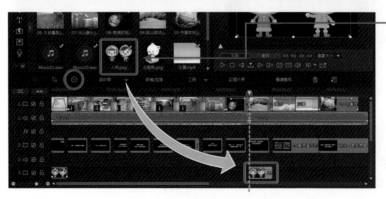

④ 拖曳【人物.png】到【09-青山綠地】下方的第 3 個視訊軌上,設定時間為 7 秒

注意:圖片與照片的左緣要對齊喔!

5 拖曳時間軸鈕，直到可清楚顯示底圖，然後縮小圖片如圖示

6 點兩下人物圖片，開啟【子母畫面設計師】

7 按【動作】標籤，展開路徑，再點選圖示動作(彈跳)

8 按【確定】

漂浮效果

1

加入北極熊與設定：

A 拖曳【北極熊.png】到【07-冰山融化】下方(第3個視訊軌)

B 設定時間為 7 秒

C 縮小圖片約如圖示

D 點兩下視訊軌上的北極熊圖片

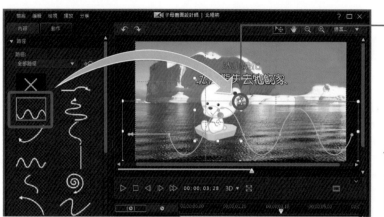

點選圖示動作，然後游標移到路徑框線正上方的○上，直到出現↕

✎ 小提示

按住○，再向左或向右拖曳，可旋轉動作路徑。

按住↕向下拖曳，壓扁路徑高度，約如圖示

按住路徑框線、往上拖曳到約如圖示位置 (會連同圖片一起移動)

✎ 小提示

拖曳△到最左方或按一下□，再按▷可預覽。

最後按【確定】，這支影片就完成囉！

儲存專案後，輸出影片，觀賞一下吧！

耶！
大功告成！

我是高手 製作節能減碳影片

使用本課練習素材,按照自己的想法,重新排列順序與修剪、更改部分文字內容,並自訂想要的物件(圖片與文字)動作效果,編輯出一支【節能減碳愛地球】影片吧!

同樣的主題,可以有不同的表現手法喔!

 練功囉

( ) 1 想要調整亮度與飽和度,需勾選?

　　1.色彩配對　　　　2.色彩強化　　　　3.調整色彩

( ) 2 想讓 4:3 影像充滿 16:9 畫面,要先在片段上做什麼動作?

　　1.點兩下　　　　2.拖曳　　　　3.按右鍵

( ) 3 想自訂視訊的播放長度,要按?

　　1.　　　　2.　　　　3.設計師

( ) 4 想要設定淡入、淡出或路徑動畫,要點開哪個視窗?

　　1.創意主題設計師　　　　2.多機剪輯設計師

　　3.子母畫面設計師

5 小小新聞主播台

-下載更多範本、子母雙畫面、Magic Cut 與快報

本 課 重 點

◎ 運用範本資源
◎ 子母雙畫面
◎ 自動修剪視訊
◎ 旁白的應用

1 人人都是小主播

2 下載範本與製作倒數畫面

3 製作動態新聞片頭

4 子母雙畫面與分割視訊

5 設定片段靜音與陰影、外框

6 插入旁白與自動修剪視訊

7 製作新聞快報

 懂更多 - 用威力導演錄製旁白

我是高手 - 不同風格的報導影片

1 人人都是小主播

在一些報導節目上，主播們不管嚴肅也好、風趣也好，都顯得好酷呀！這一課讓我們化身小主播，製作一支報導可愛動物的影片吧！

倒數畫面 ▶	片頭 ▶	內容 ▶
動態倒數範本 + 內建圖片 5 秒	動態片頭範本 10 秒	小主播 - 開場.mp4 + 無尾熊01.mp4 約 10 秒
無聲	片頭旁白.wav	子母雙畫面

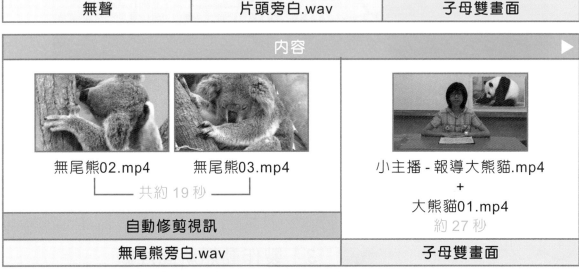

內容 ▶	
無尾熊02.mp4　　　無尾熊03.mp4 └── 共約 19 秒 ──┘	小主播 - 報導大熊貓.mp4 + 大熊貓01.mp4 約 27 秒
自動修剪視訊	子母雙畫面
無尾熊旁白.wav	

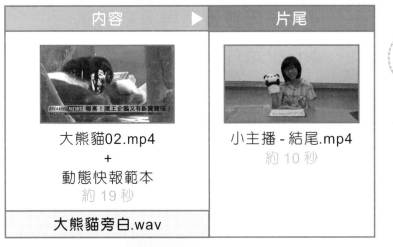

內容 ▶	片尾
大熊貓02.mp4 + 動態快報範本 約 19 秒	小主播 - 結尾.mp4 約 10 秒
大熊貓旁白.wav	

善用免費又精美的範本，聰明又省力！

下載範本與製作倒數畫面

在片頭之前有一段倒數的畫面，是影片常用的手法，感覺也比較專業！讓我們下載範本，搭配內建圖片來製作吧！

◎ 下載【覆疊】範本 - 倒數計時

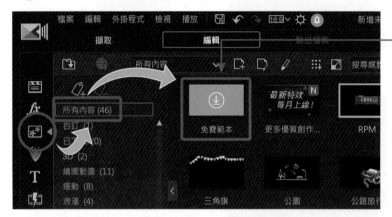

❶ 新增專案，按 ▦ 【覆疊工房】，再點選【所有內容 / 免費範本】

❷ 自動開啟 DirectorZone 網頁後，執行登入

❸ 按 🔍 ，然後輸入關鍵字 【Countdown】(倒數)，按【搜尋】，就會列出所有相關範本

❹ 到左方的選單上，按【子母畫面物件】種類

❺ 再到下方，點選【16:9】

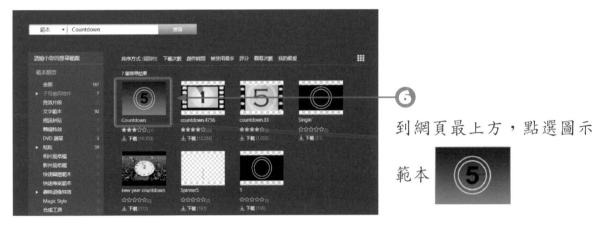

6

到網頁最上方，點選圖示

範本

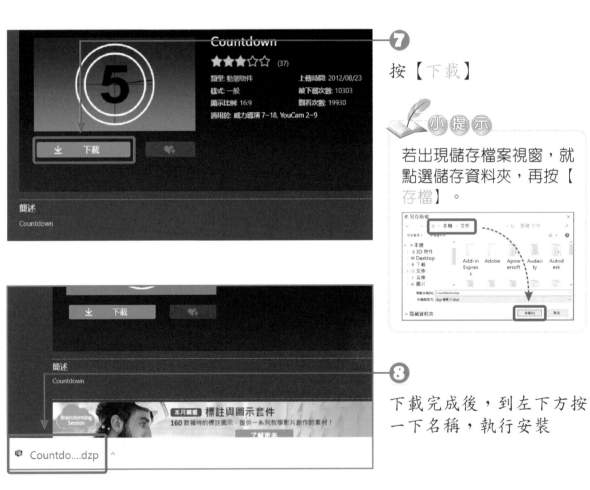

7

按【下載】

小提示

若出現儲存檔案視窗，就點選儲存資料夾，再按【存檔】。

8

下載完成後，到左下方按一下名稱，執行安裝

9

安裝完成，按【確定】

Effect Installer

子母畫面範本已順利安裝，可以開始使用。此檔案可用於CyberLink PowerDirector, 訊連科技威力導演。

確定

◎ 取用內建背景圖片

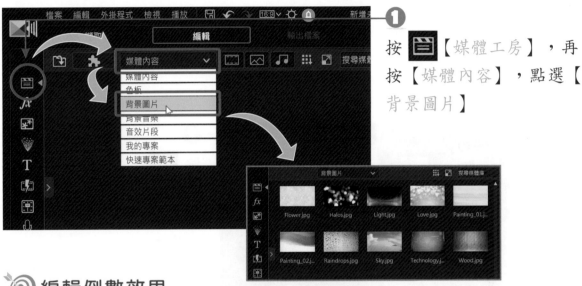

① 按 ▤【媒體工房】，再按【媒體內容】，點選【背景圖片】

◎ 編輯倒數效果

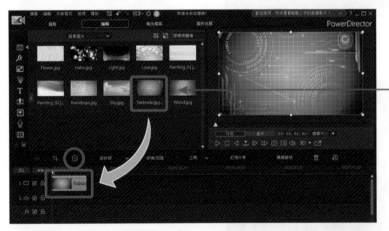

① 拖曳圖示圖片到第 1 個視訊軌最前方 (設定為 5 秒)

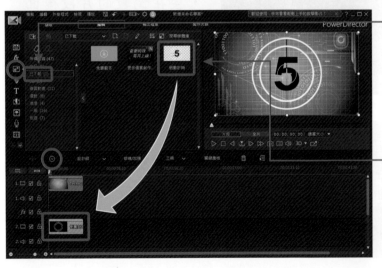

② 按 ❄【覆疊工房】，點開【已下載】項目

③ 拖曳【倒數計時】範本，到第 2 個視訊軌最前方 (設定為 5 秒)

3 製作動態新聞片頭

精美的動態片頭，一下子就可以吸引觀眾的目光！這也可以下載範本來使用喔！趕快來做！

🎯 下載文字範本

1

按 **T**【文字工房】，使用 P103 ~ P104 的技巧，下載【Nature.4126】這個範本

關鍵字：Nature
類別：文字範本
比例：16:9

🎯 修改文字

1

拖曳範本到第 1 個視訊軌，接在倒數的片段後面(設定為 10 秒)

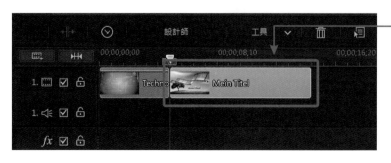

2

點兩下文字範本片段

3

先更改文字內容為【小小
新聞台】

4

點一下文字串框線 (選取
文字串) 後，到【字型/段
落】下，做一下設定：

• ⊤ 字型大小 - 36

• ◖ 字體色彩 - ▇

5

點開【外框】，做以下設
定：

• 勾選套用【外框】

•【填滿類型】點選【單色】

•【外框色彩】點選 ☐ (白色)

6

按住文字串框線，拖曳文
字到圖示位置

◎ 新增文字

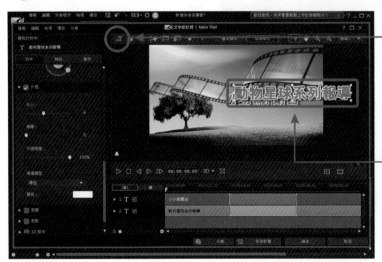

1

按 ⊞⊤【插入文字】

2

輸入【動物星球系列報導】

❸

更改文字格式設定：
- 🔠字型大小 - 24
- 🎨字體色彩 - ⬛

❹

拖曳文字到圖示位置

🎯 套用特效

❶

點選大標題 (點一下文字
框線)

❷

在【特效 / 開始特效】下
，點選【光點進入-向下】
或你喜歡的特效

❸

點選小標題後，點選【發
出白光】或你喜歡的特效

按 ▷ 可預覽一下效果。

❹

最後按【確定】

練習到這裡，預先儲存一
下專案資料吧！

④ 子母雙畫面與分割視訊

在電視新聞或一些節目上，常常會看到的子母重疊雙畫面，大家都不陌生吧？！現在起，你也做得到喔！

製作子母重疊畫面

> 匯入之前，記得將本課練習用的素材，複製到專用資料夾喔！

①

按 ▤【媒體工房 / 媒體內容】後，匯入本課練習用的所有素材

②

拖曳【小主播 - 開場.mp4】接在新聞片頭後方

③

拖曳【無尾熊01.mp4】到第 2 個視訊軌上 (如圖示)

> 注意：
> 前端需與【小主播 - 開場.mp4】對齊。

④

到預覽區上，拖曳無尾熊視訊的控點、縮小尺寸，約如圖示大小

接著按住視訊畫面，拖曳到圖示位置

🎯 分割視訊

分割一下無尾熊視訊、刪除不要的部分，就可讓它與小主播的視訊時間一樣長。

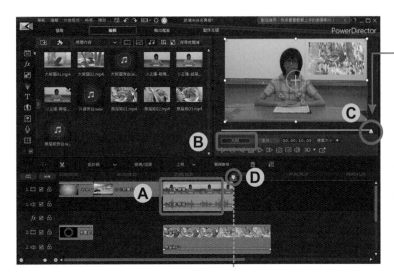

①

將時間軸鈕移到【小主播 - 開場】的最末端：

Ⓐ 點選【小主播 - 開場】

Ⓑ 到預覽區按【片段】

Ⓒ 拖曳時間軸鈕 🔺 到最後

Ⓓ 時間軸上的 🔻 就會移到最末端

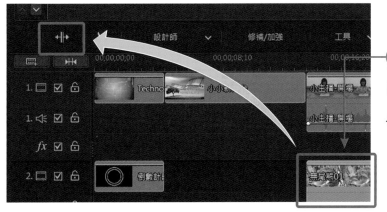

②

點選【無尾熊01】片段，按 ⊪【分割選取的片段】

③

點選後半段視訊，接著按 Delete 將它刪除

5 設定片段靜音與陰影、外框

還記得在第 4 課學過從視訊分離音訊吧？！如果只想讓視訊暫時靜音(不想刪除)，可以用【片段靜音】功能！

◎ 設定片段靜音

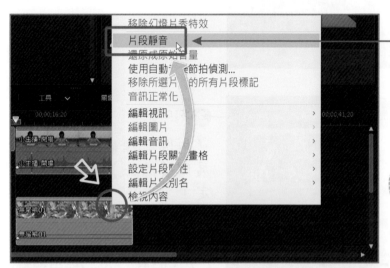

1 在【無尾熊01】上按右鍵，點選【片段靜音】

只是靜音，不是移除喔！

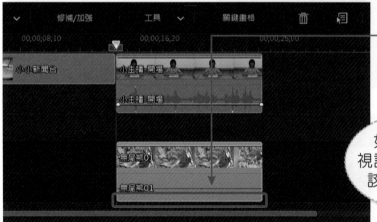

2 視訊下方音訊軌的橫線消失，表示該視訊已被靜音

如果想恢復視訊上的聲音，該怎麼做呢？

 老師說

在設定為靜音的視訊上，按右鍵，再點選一次【片段靜音】(取消勾選)，就可恢復視訊上的聲音囉！

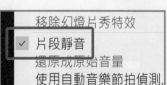

加陰影與外框

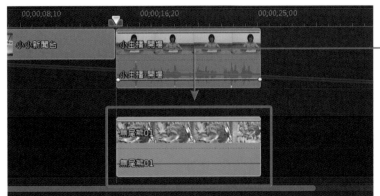

① 點兩下視訊軌上的【無尾熊01】，開啟【子母畫面設計師】

② 【內容】標籤下，勾選並展開【陰影】，做以下設定：

- 距離 - 5 (拖曳捲軸)
- 模糊 - 5 (拖曳捲軸)
- 不透明度 - 50% (拖曳捲軸)
- 選取色彩 - ■ (黑色)

③ 拖曳捲軸，勾選並展開【外框】，做以下設定：

- 大小 - 1 (拖曳捲軸)
- 模糊 - 0 (拖曳捲軸)
- 不透明度 - 100%
- 填滿類型 - 單色
- 單色 - □ (白色)

④ 最後按【確定】

6 插入旁白與自動修剪視訊

報導性的影片，當然少不了旁白囉！而為了搭配旁白長度，你還可以用神奇的【Magic Cut】來自動修剪影片喔！

◎ 插入旁白

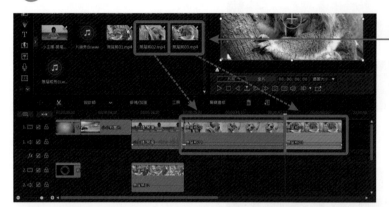

1 循序拖曳【無尾熊02.mp4】與【無尾熊03.mp4】，排列在視訊軌上 (如圖示)

2 依序拖曳【片頭旁白.wav】與【無尾熊旁白.wav】到第2個音訊軌的位置上 (如圖示)

◎ 用【Magic Cut】自動修剪視訊

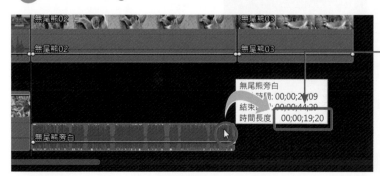

1 游標移到【無尾熊旁白.wav】上，會看到時間長度為19秒20 (00;00;19;20)

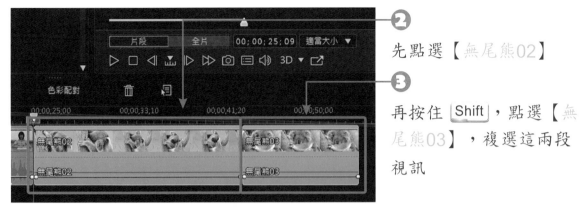

② 先點選【無尾熊02】

③ 再按住 Shift，點選【無尾熊03】，複選這兩段視訊

④ 按【工具 / Magic Cut】

⑤ 接著設定：

A 新的時間長度設定為【00;00;19;20】

B 勾選【儘可能自動套用轉場特效】

C 最後按【套用】

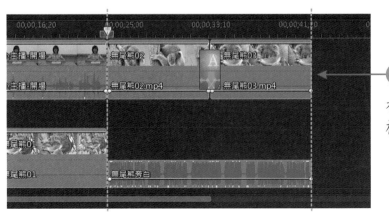

⑥ 視訊與旁白的時間，變一樣長囉！

製作第二段報導子畫面

1

依序拖曳【小主播 - 報導
大熊貓.mp4】與【大熊貓
01.mp4】排列圖示位置

2

點選【大熊貓01】片段,
按【修補 / 加強】

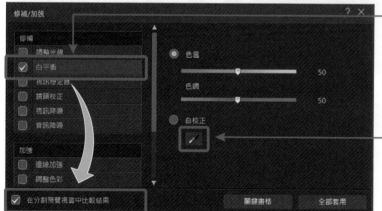

3

勾選【白平衡】與【在分
割預覽視窗中比較結果】

4

按 ✏ 【校正】

5

游標移到熊貓白色的身體
上點一下

⑥ 色彩顯得比較自然囉！

⑦ 按【確定】

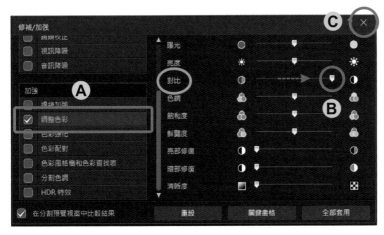

⑧

接著調整對比度：

Ⓐ 勾選【調整色彩】

Ⓑ 拖曳【對比】捲軸鈕到最右方

Ⓒ 按 ✕ 關閉設定窗格

⑨

在預覽區縮小【大熊貓01】，然後仿照 P111～P112 技巧，設定片段靜音、外框與陰影

7 製作新聞快報

這支報導影片就快完成囉！讓我們下載範本、加入動態【快報】，
製造一點小趣味，然後插入結尾視訊，就大功告成啦！加油！

◎ 手動修剪視訊

1

依序拖曳【大熊貓02.
mp4】與【大熊貓旁白.
wav】排列圖示位置

2

游標移到【大熊貓02】
最末端，直到出現

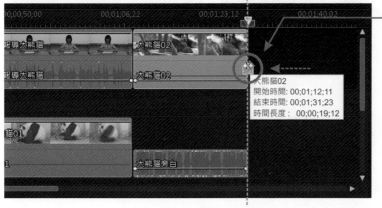

3

按住 向左拖曳，直到
貼齊【大熊貓旁白】的最
末端

下載新聞快報範本與編輯

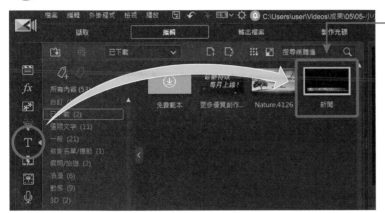

① 按 **T**【文字工房】，使用 P103 ~ P104 的技巧，下載【新聞】這個範本

關鍵字：News
類別：文字範本
比例：16:9

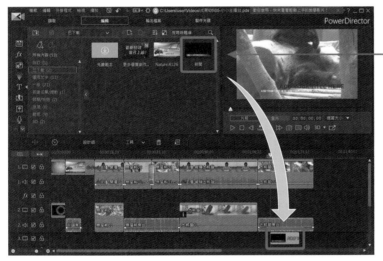

② 拖曳【新聞】範本到圖示位置，然後點兩下開啟【文字設計師】

小提示

預設播放時間是 10 秒，有需要的話，可自行修改秒數。

③ 修改大標題文字為【報喜！國王企鵝又有新寶寶囉！】，並稍微調整一下位置如圖示

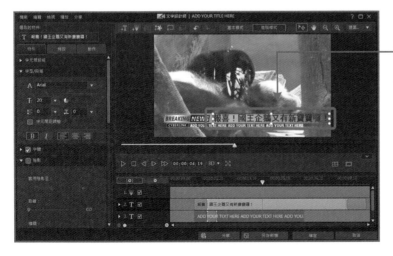

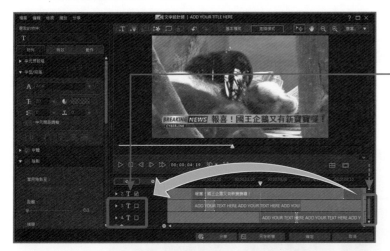

④

向下拖曳物件圖層捲軸，
取消勾選【3】與【4】項
(隱藏該兩項文字物件)

⑤

按【確定】

⑥

最後拖曳【小主播 - 結尾
.mp4】接在第 1 個視訊
軌最後方，這支影片就編
輯完成囉！

儲存專案後，輸出影片來
觀賞一下吧！

 懂 更 多 　用威力導演錄製旁白

用威力導演就可以錄製旁白 (聲音)，不需借助其他軟體喔！方法請參考
教學影片。

我是高手 不同風格的報導影片

使用本課練習素材，下載不同的範本 (有動作的) 當倒數、片頭與快報，並為子畫面設定其他外框效果，編輯出不同風格的報導影片吧！

 練功囉

( ) 1 想讓視訊變成子畫面，要到哪裡拖曳縮小？

　　1. 時間軸　　　　2. 媒體工房　　　3. 預覽區

( ) 2 想設定子畫面的外框與陰影，要先在片段上做什麼動作？

　　1. 點兩下　　　　2. 拖曳　　　　　3. 按右鍵

( ) 3 想分割視訊，要按？

　　1. ⟷　　　　2. ✂　　　　3. T

( ) 4 想設定複選視訊的長度，要按【工具】，然後點選？

　　1. 威力工具　　2. Magic Cut　　3. Magic Movie 精靈

6 熱血青春全紀錄

-特效綜合運用、自製圖文框、靜態字幕與分割音訊

本課重點

◎ 遮罩特效的運用
◎ 轉場特效的運用
◎ 炫粒特效的運用
◎ 字幕與圖文框的運用

1 精彩生活紀錄片

2 用遮罩動畫做片頭

3 讓視覺更豐富 - 轉場與炫粒特效

4 讓影片更有趣 - 自製圖文框

5 用【字幕工房】加字幕

6 片尾 - 工作團隊名單

 懂更多 - 設定慢動作

7 分割音樂與淡出

我是高手 - 更精彩的生活紀錄片

121

精彩生活紀錄片

校園生活多彩多姿，每一刻都是珍貴的回憶！這一課就讓我們製作一支影片，來記錄這些熱血青春吧！

片頭 ▶	內容 ▶	內容 ▶	內容 ▶	內容 ▶
跳起來.jpg 8秒	01-校慶開幕.mp4 8秒	02-健康操.mp4 8秒	03-空手道.mp4 8秒	04-趣味競賽.mp4 8秒
	靜態字幕	靜態字幕	圖文框	圖文框
遮罩文字	炫粒特效	炫粒特效	炫粒特效	炫粒特效
Music.mp3				

內容 ▶	內容 ▶	內容 ▶	內容 ▶	內容 ▶
05-合唱團表演.mp4 8秒	06-長笛表演.mp4 8秒	07-扯鈴練習.mp4 8秒	08-開心牧場.mp4 8秒	09-木屐村.mp4 8秒
靜態字幕	靜態字幕	靜態字幕	靜態字幕	圖文框
炫粒特效	炫粒特效	炫粒特效	炫粒特效	炫粒特效
Music.mp3				

內容 ▶	內容 ▶	片尾
10-溪邊戲水.mp4 8秒	11-盪鞦韆.mp4 8秒	文字範本 10秒
圖文框	靜態字幕	
炫粒特效	炫粒特效	
Music.mp3		

視訊與視訊間，就用酷炫的【轉場特效】切換吧！

② 用遮罩動畫做片頭

用【文字範本】來做片頭，相信大家都不陌生！其中還有一個很酷的【遮罩】(負片文字) 範本可以用，趕快來瞧瞧！

◎ 匯入素材與編排

> 練習之前，記得將本課練習用的素材，複製到專用資料夾喔！

❶

新增專案，匯入本課練習用的所有素材

❷

拖曳【跳起來.jpg】到視訊軌最前方，設定時間為 8 秒

❸

接著按照編號 (01~11)，依序拖曳視訊檔接在後面

然後全部設為【片段靜音】

套用文字遮罩特效

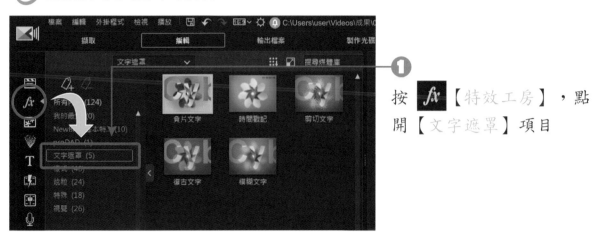

① 按 *fx*【特效工房】，點開【文字遮罩】項目

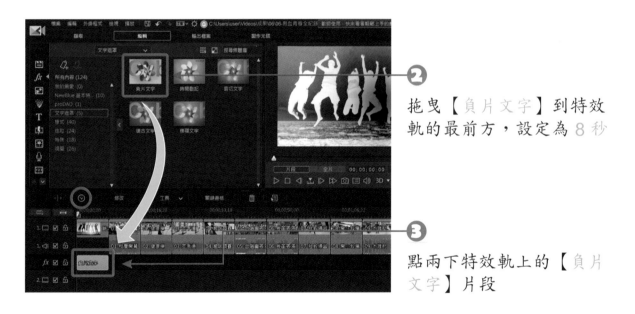

② 拖曳【負片文字】到特效軌的最前方，設定為 8 秒

③ 點兩下特效軌上的【負片文字】片段

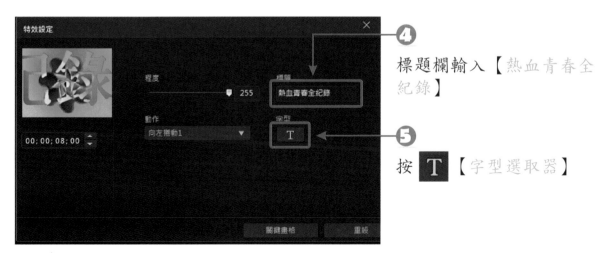

④ 標題欄輸入【熱血青春全紀錄】

⑤ 按 **T**【字型選取器】

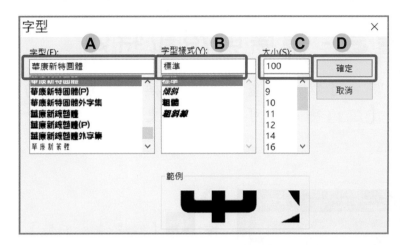

6

設定字型、樣式與大小：

Ⓐ 字型 - 華康新特圓體或
　　　　　類似字型

Ⓑ 字型樣式 - 標準

Ⓒ 大小 - 100

Ⓓ 按【確定】

7

按一下 ▷，可預覽效果

哇！
好酷喔！

8

最後按 ✕ 關閉設定窗格

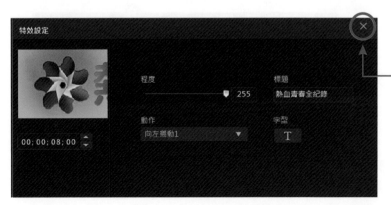

讓視覺更豐富 - 轉場與炫粒特效

從上個視訊跳到下個視訊時，可以用動畫方式來切換，就是所謂的
【轉場特效】！另外還有【炫粒特效】可以讓視覺更豐富喔！

◎ 套用轉場特效

❶

按 【轉場特效工房】
，點開【所有內容】

再點選任一特效，即可在
右方預覽該效果

❷

拖曳【天崩地裂】到【01
- 校慶開幕】與【02 - 健
康操】中間，套用特效

老師說

點兩下視訊軌上的轉場特效，
可以設定：

Ⓐ 時間長度

Ⓑ 行為 - 重疊 (前後片段總長度會縮短) 或 交錯 (前後片段總長度不改變)

❸ 接著再將你喜歡的轉場特效，套用到其他視訊之間吧！

加入炫粒特效

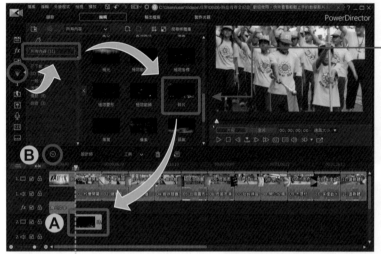

① 按 【炫粒工房】，點開【所有內容】

接著拖曳【碎片】到第 2 個視訊軌上：

Ⓐ 左邊對齊【01 - 校慶開幕】
Ⓑ 時間設定為 8 秒

❷ 接著將你喜歡的炫粒特效，依序加到第 2 個視訊軌上吧！
(對齊視訊、時間皆設為 8 秒)

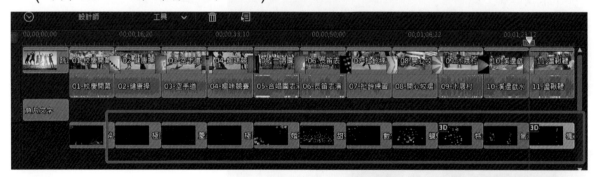

 老師說

除了使用內建的炫粒特效，你也可以下載其他特效來使用喔！

讓影片更有趣 - 自製圖文框

在影片上，除了可以套用特效讓它更豐富外，適度加入一些好玩的對話圖文框，也另有一番逗趣的動漫效果喔！

◎ 新增文字範本

① 按 **T** 【文字工房】

② 按 【建立新的文字範本】，點選【2D 文字】

③ 點一下文字框，然後按 Delete 將預設文字刪除

小提示

在【文字設計師】中，先插入的物件，會被後插入的物件遮住 (位於下層)。所以，先刪除預設的文字，並插入圖片後，再新增文字吧！

◎ 插入圖片

① 按 【插入圖片】

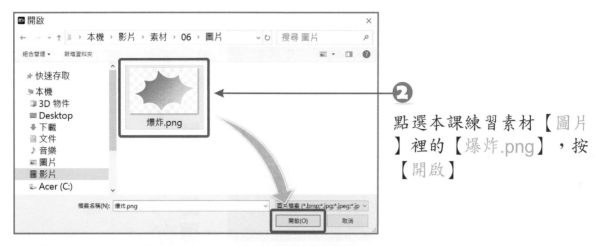

點選本課練習素材【圖片】裡的【爆炸.png】，按【開啟】

拖曳圖片控點、放大圖片約如圖示大小

插入新文字

在編輯區上，按右鍵，點選【插入新文字】

輸入【看我的 (換行) 空手道】

3

點一下文字框 (選取文字) 後，在【字型/段落】項目下，做以下設定：

- 🅰 字型 - 華康海報體W12
　　　(或類似字型)
- 🆃 字體大小 - 42
- ◗ 字體色彩 - ⬜
- ⬛ 行距 - 0

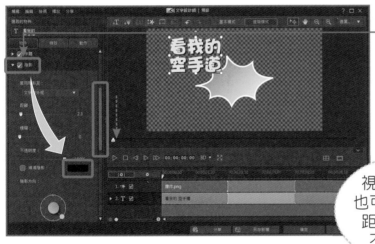

4

勾選【陰影】，設定陰影色彩為 ■ (黑色)

視個人喜好，也可以設定一下距離、模糊、不透明度！

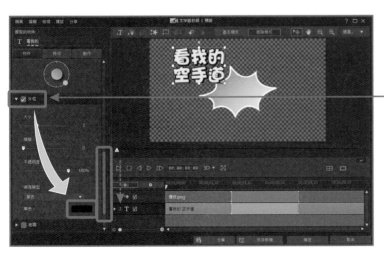

5

勾選【外框】，設定顏色為 ■ (黑色)

在【空】字前方點一下，再按兩下鍵盤空白鍵，往右推移文字

按住文字框，拖曳移動整串文字到圖示位置

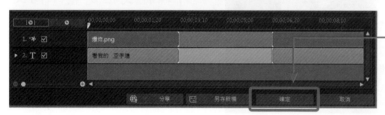

按【確定】

輸入【爆炸對話】，然後按【確定】

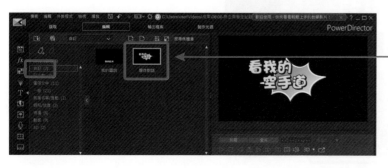

在【自訂】項目中，就會看到這個自製的對話圖文框囉！

將圖文框加入影片

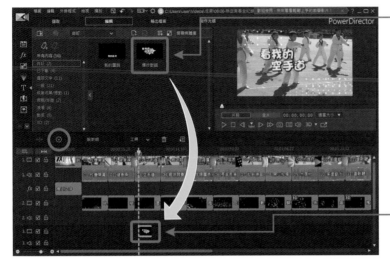

1

拖曳【爆炸對話】到【03
－空手道】下方的第3個
視訊軌上

前端大約對齊上方轉場特
效後端，時間設定為4秒

2

點兩下視訊軌上的【爆炸
對話】

3

從外頭拖曳框選整組圖文

4

拖曳整組圖文到圖示位置

5

按【確定】

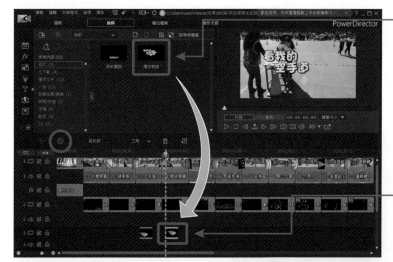

6

拖曳【爆炸對話】到【04
- 趣味競賽】下方第 3 個
視訊軌上

前端大約對齊上方轉場特
效後端,時間設定為 4 秒

7

點兩下視訊軌上的【爆炸
對話】

8

調整位置約如圖示,並將
文字內容改成【趣味競賽
(換行) 好刺激】

9

按【確定】

❿ 接著完成【09 - 木屐村】與【10 - 溪邊戲水】下的編輯 (皆為 4 秒):

Ⓐ　　　Ⓑ

Ⓐ 一二一二 (換行) 齊步走

Ⓑ 夏日戲水 (換行) 好清涼

⑤ 用【字幕工房】加字幕

記得在第 4 課用動態文字來做圖說嗎？如果畫面效果已經很豐富了，以簡單的靜態字幕來當圖說，就可避免太過眼花撩亂喔！

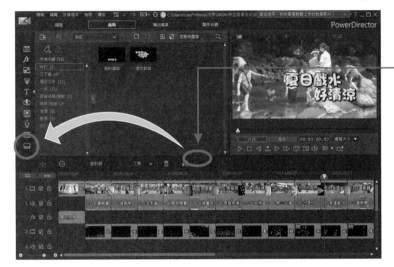

① 拖曳時間軸上方的 ████，顯示左方所有工房

接著按 ▦▦【字幕工房】(最下方的工房)

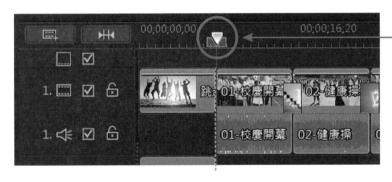

② 拖曳時間軸的 ▽ 到【01-校慶開幕】的最前端，指定字幕顯示的時間點

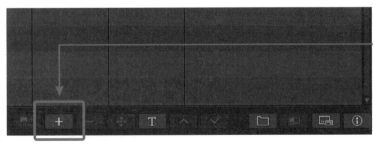

③ 按 ➕【在目前的位置加入字幕標記】

④ 點兩下【按兩下即可編輯】欄

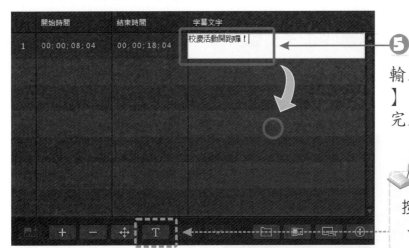

輸入【校慶活動開跑囉！】，然後在欄外點一下，完成輸入

小提示

按 T ，還可以設定字型、大小、陰影...等等。

到時間軸點選字幕片段，設定時間為 6 秒

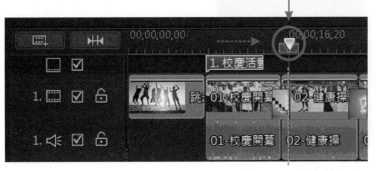

拖曳時間軸鈕到【02 - 健康操】上、轉場特效的最末端

仿照❸～❻技巧，製作一個【大家來做健康操】的字幕 (6 秒)

❽ 接著完成【05 - 合唱團表演】、【07 - 扯鈴練習】與【11 - 盪鞦韆】上的字幕：

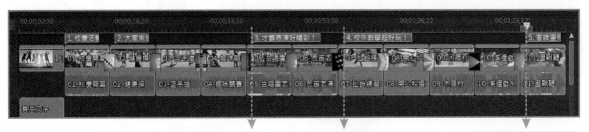

才藝表演好精彩！(12 秒)　　校外教學超好玩！(12 秒)　　看誰盪得高！(6 秒)

⑥ 片尾-工作團隊名單

電影的最後不是都會有工作團隊的名單嗎？讓我們也來做一個這樣的片尾吧！

❶ 按 **T**【文字範本】，點開【致謝名單/捲動】

❷ 拖曳【幸運四葉草_04】接在視訊軌最後方

❸ 點兩下視訊軌上的【幸運四葉草_04】

❹ 點一下文字框，然後按 Delete 將它刪除

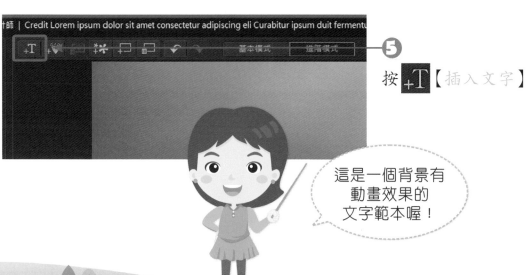

❺ 按 **+T**【插入文字】

這是一個背景有動畫效果的文字範本喔！

輸入圖示文字後，按住文字框，拖曳到圖示位置

你也可以開啟本課準備的文字檔，用複製貼上的方式完成輸入。

點一下文字框 (全選文字)，接著設定：

- A 字型 - 華康粗圓體或類似字型
- T 字體大小 - 25
- 行距 - 5

 小提示

不同字型，需要設定的大小與行距，可能會不同。

拖曳選取圖示文字串，接著更改字體大小為【18】

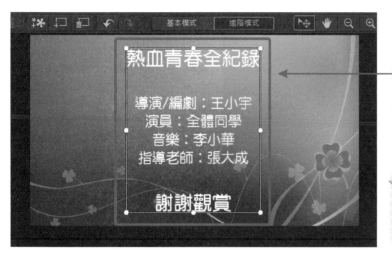

按住文字框，拖曳調整文字到約畫面正中央

 小 提 示

這時候還可以拖曳四角的控點，整體縮放文字喔！

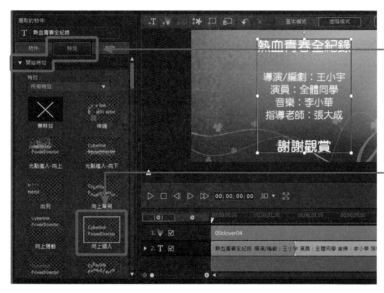

點開【特效 / 開始特效】

點選【向上插入】或你喜歡的特效

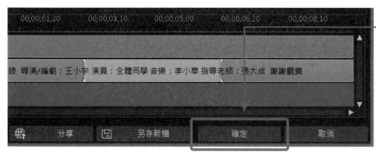

最後按【確定】

懂 更 多　　設定慢動作

在視訊上設定【慢動作】效果，可以讓回憶的感覺更濃厚喔！方法請參考教學影片。

分割音樂與淡出

最後別忘了加上背景音樂，剪除過長的部分，再設定一下【淡出】效果，這支影片就完成囉！加油！

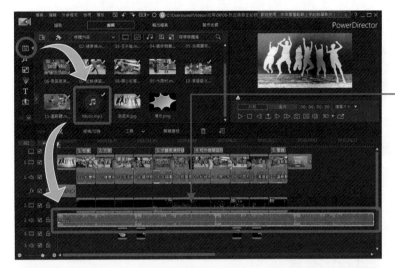

1 按 ▦【媒體工房】，拖曳【Music.mp3】到音訊軌

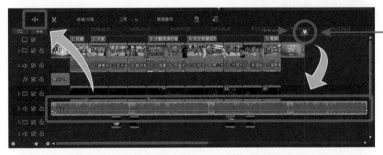

2 拖曳時間軸鈕到片尾最末端點，點選音訊後，按 ╫【分割選取的片段】

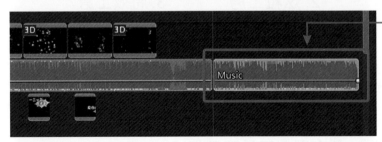

3 點選分割後的後段音訊，按 Delete 刪除

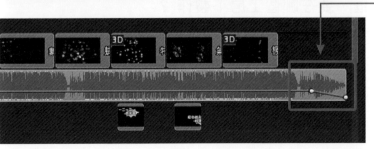

4 最後仿照第 3 課 P74 的技巧，設定音樂淡出

這支影片編輯完成囉！儲存專案資料後，輸出影片，觀賞一下吧！

我是高手 更精彩的生活紀錄片

使用本課練習素材，重新安排播放順序，發揮巧思，使用綜合技法，製作不同的片頭、不同的圖文框與字幕，編輯出更精彩的生活紀錄片吧！

我想用自己拍的生活影片當素材！

 練功囉

( )① 【文字遮罩】特效，放在哪個工房裡？

　　1. 文字範本　　　2. 炫粒工房　　　3. 特效工房

( )② 【轉場特效】應該放在視訊的哪裡？

　　1. 視訊上面　　　2. 視訊中間　　　3. 視訊後面

( )③ 想自製圖文框，要在哪個工房下製作？

　　1. 覆疊工房　　　2. 炫粒工房　　　3. 文字工房

( )④ 下面哪個是【字幕工房】？

　　1. 🔲　　　　　2. 🔲　　　　　3. 🔲

7 創意拼貼 Fun 電影

-影片拼貼、備份/分享與發布影片

Google Drive

YouTube

獨樂樂
不如眾樂樂！

本 課 重 點

◎ 備份檔案到雲端

◎ 網路分享檔案

◎ 發布影片到網路

1 備份、分享與發布

2 創意視訊拼貼

3 備份影片到雲端與分享

4 發表作品到 YouTube

備份、分享與發布

獨樂樂不如眾樂樂！學會製作精彩的影片後，除了可以上傳到雲端硬碟備份、分享，還可以發布到網路上，讓大家一起觀賞喔！

把影片或素材，備份到 Google 雲端硬碟，還可以分享給同學喔！

把影片發布到 YouTube，讓全世界的人觀賞！

用同一組 Google 帳號，Google 雲端硬碟、YouTube 暢行無阻！

② 創意視訊拼貼

威力導演還可以結合多支影片，用【拼貼】的方式來呈現喔！非常
特別又酷炫！快來做做看吧！

◎ 匯入素材與啟動【視訊拼貼設計師】

1

新增專案，匯入第 2 課到
第 6 課的成果影片

2

按【外掛程式】，點選【
視訊拼貼設計師】

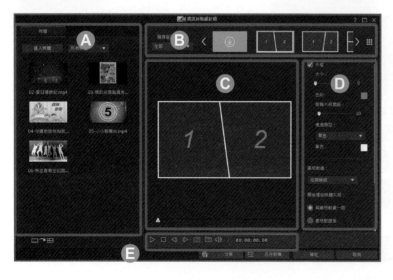

3

視訊拼貼設計師介面：

Ⓐ 媒體 (素材) 庫

Ⓑ 模版區

Ⓒ 編輯 / 預覽區

Ⓓ 外框與播放設定

Ⓔ 預覽控制區

選擇模版與安排位置

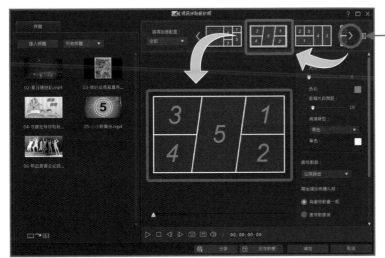

1

按 **>**，直到找到  模版，接著點選它

✎ 小提示

你也可選擇喜歡的模版，但想拼貼幾支影片，就要選擇幾個格子的模版喔！

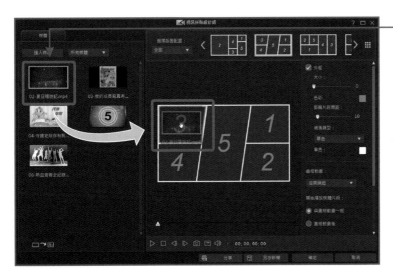

2

到媒體庫拖曳第 2 課成果影片，到左上方的格子裡

✎ 小提示

在視訊拼貼設計師中，每個格子，都稱為【畫格】；每個畫格裡，都可以放入一支影片。

3

接著陸續拖曳其他影片，安排位置如圖示

第 3 課
第 4 課
第 5 課
第 6 課

✎ 小提示

想更換畫格中的影片，只要拖曳另一支影片到畫格上，就可以取代。

聲音設定

按 ▷ 預覽一下編輯成果

小提示

多支影片要一起播放時，一開始可能會卡卡的。只要播放過一次，再播放就會正常囉！

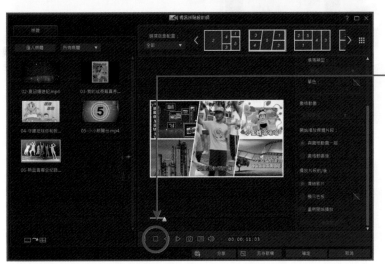

所有媒體影片全部一起發出聲音！趕快按 ■ 停止預覽

老師說

在設定區，可以針對外框、畫格動畫、視訊播放完後的動作...等做設定。另外，按【進階設定】，還可設定視訊的播放時間喔！

大家有空可以設定看看，再預覽一下，就會知道它們的差異。

3

先到左上方的縮圖上，按一下 ，設定成 靜音

有聲 → 無聲

小提示

按一下 🔇，可恢復聲音。

4

接著把圖示的影片也設定 靜音 (只保留中間的影片 有聲音)

5

最後按【確定】

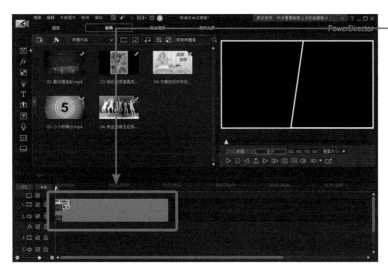

6

編輯結果會自動顯示在時間軸中

若想修改，可點兩下它，啓動【視訊拼貼設計師】繼續編修。

創意視訊拼貼已完成囉！儲存專案資料後，輸出影片，觀賞一下吧！

③ 備份影片到雲端與分享

使用【Google 雲端硬碟】不僅可以保存影片、備份素材、還能隨時下載使用，更可以分享給親友觀賞或使用！趕快來學！

◎ 上傳影片到 Google 雲端硬碟

❶

在 Google 首頁
(www.google.com.tw)，

按 ▦，點選【雲端硬碟】

接著用你的 Google 帳號登入

❷

登入後，到左上方，按【新增】

小提示

第一次登入，會出現使用說明浮動視窗，可直接按 ✕ 將它關閉。

❸

點選【檔案上傳】

按資料夾上傳，可以點選、上傳整個資料夾。

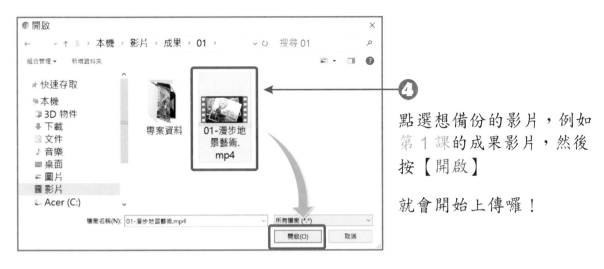

4 點選想備份的影片，例如第 1 課的成果影片，然後按【開啟】

就會開始上傳囉！

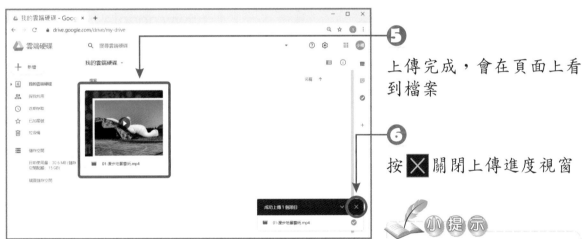

5 上傳完成，會在頁面上看到檔案

6 按 ☒ 關閉上傳進度視窗

小提示

你也可以將素材備份到雲端硬碟喔！

◎ 共用分享

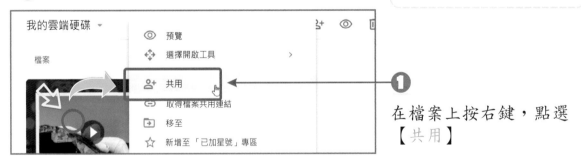

1 在檔案上按右鍵，點選【共用】

 老師說

提供雲端硬碟服務的業者，除了【Google 雲端硬碟】外，常見的還有：【OneDrive】與【Dropbox】。

 Dropbox

 OneDrive

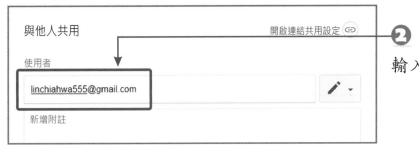

2 輸入對方的電子郵件信箱

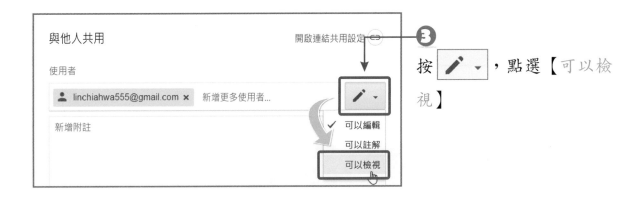

3 按 🖊 ，點選【可以檢視】

4 最後按【傳送】，就會把共用通知寄給對方囉！

小提示

利用一點時間，把其他成果影片，也備份起來吧！

🎯 觀賞分享的影片

1 登入信箱 (Gmail)，若有人共享檔案給你，就會看到一封通知信

按一下主旨，開啟信件

② 按訊息下方的【開啟】

③ 就會另開一個分頁顯示該影片

接著按 ▶ 播放鈕

④ 開始觀賞分享的影片囉！

小提示

游標移到頁面右上方，按 ⬇️，就可將影片下載到電腦中喔！

4 發表作品到 YouTube

網路無國界！想分享影片給更多人觀賞嗎？將它發布到全世界最受歡迎的影音網站【YouTube】就對啦！Let's Go！

🎯 登入與建立個人頻道

在 YouTube 上的【個人頻道】，就像是你的私人電視台。在個人頻道下可以建立【播放清單】，它就像電視台的各個節目。而節目內容，就是你所上傳的影片喔！例如：

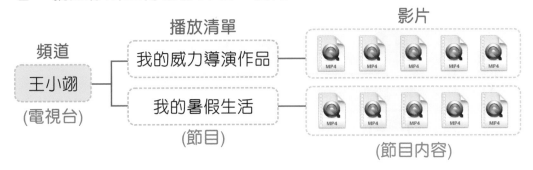

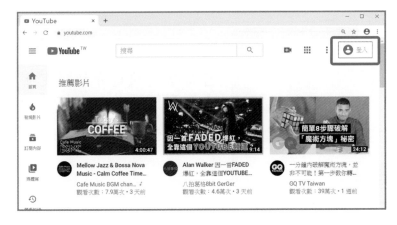

1

開啟【YouTube】首頁 (https://www.youtube.com) ，然後按【登入】

接著用你的 Google 帳號登入

2

按一下右上方的帳號圖示，點選【建立頻道】

> 一旦建立過頻道，往後這裡只會出現【您的頻道】喔！

按【踏出第一步】

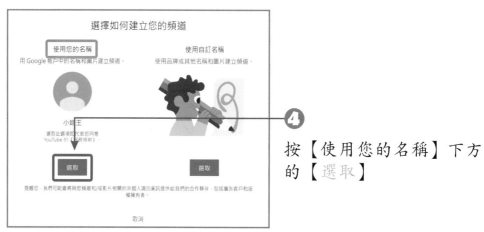

按【使用您的名稱】下方的【選取】

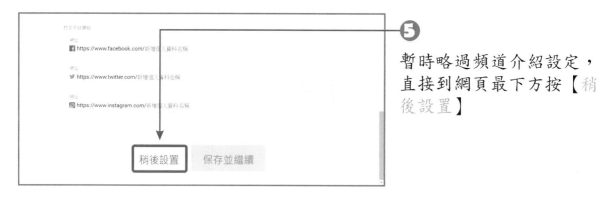

暫時略過頻道介紹設定，直接到網頁最下方按【稍後設置】

老師說

按帳號圖示，點選【您的頻道】，再按【自訂頻道】，可以自訂頻道圖示與橫幅圖片喔！

上傳影片與發布

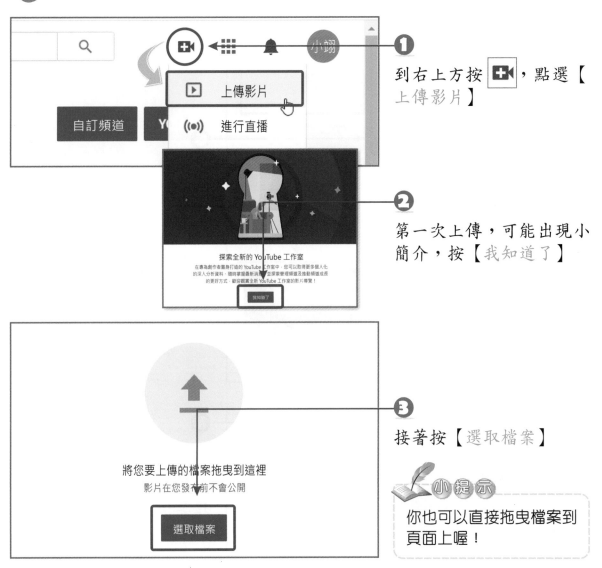

1 到右上方按 ▐▌，點選【上傳影片】

2 第一次上傳，可能出現小簡介，按【我知道了】

3 接著按【選取檔案】

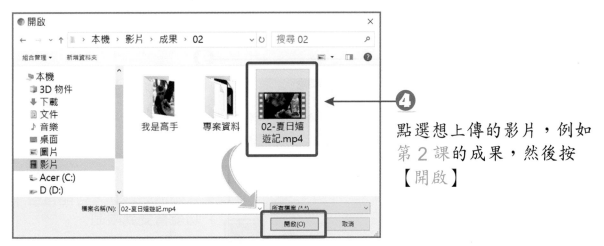

4 點選想上傳的影片，例如第 2 課的成果，然後按【開啟】

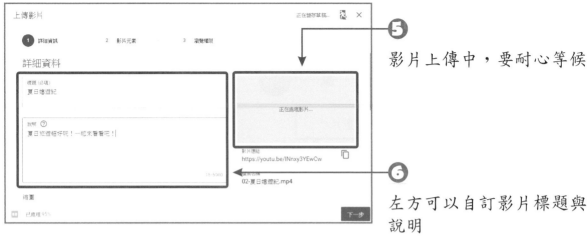

5 影片上傳中，要耐心等候

6 左方可以自訂影片標題與說明

7 上傳處理作業完畢，會顯示縮圖

8 向下拖曳捲軸，點選想要的縮圖

接著按【下一步】

9 【目標觀眾】點選【否，這不是為兒童打造的影片】

接著按【下一步】

> 若點選【是，這是為兒童打造的影片】，可能有些功能會受到限制。

⑩ 繼續按【下一步】

⑪ 在【立即發布】項目下，點選【公開】

然後按【發布】

⑫ 發布完成！點選此網址，即可另開新分頁，觀賞影片囉！

⑬ 最後按【關閉】

⑭ 這就是影片在 YouTube 播放的樣子喔！

接著利用一點時間，將第 3 課到第 6 課的成果影片也上傳到 YouTube 吧！

🎯 建立播放清單

1

選擇想加入清單的影片:

Ⓐ 按 ▣【影片】

Ⓑ 勾選影片 (可複選)

Ⓒ 按【加入播放清單】

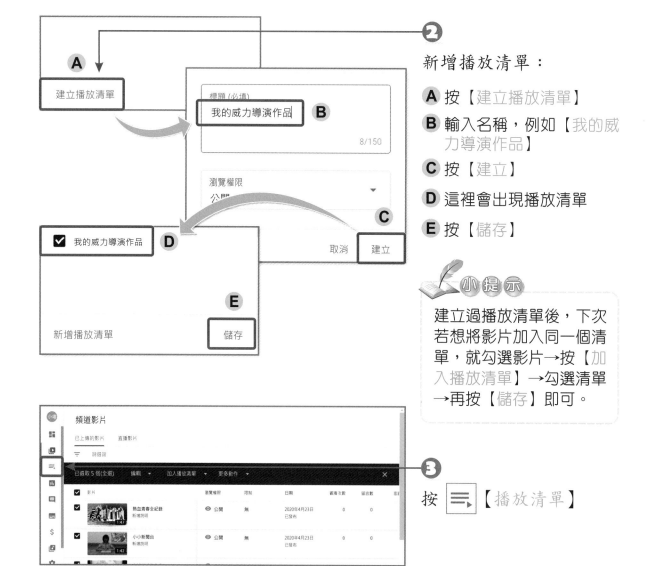

2

新增播放清單:

Ⓐ 按【建立播放清單】

Ⓑ 輸入名稱,例如【我的威力導演作品】

Ⓒ 按【建立】

Ⓓ 這裡會出現播放清單

Ⓔ 按【儲存】

✏️ 小提示

建立過播放清單後,下次若想將影片加入同一個清單,就勾選影片→按【加入播放清單】→勾選清單→再按【儲存】即可。

3

按 ≡▶【播放清單】

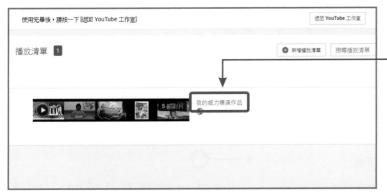

④

這裡會顯示所有的播放清單

讓我們點一下清單名稱，顯示清單中的影片

⑤

在這裡就可以欣賞清單中的所有影片囉！

◎ 管理影片

❶

按一下右上方帳號圖示，點選【YouTube 工作室】

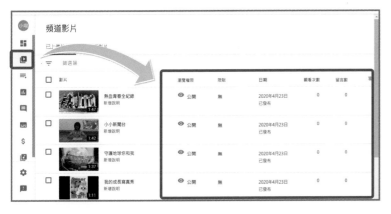

❷

按 ▶️【影片】，可以瀏覽影片資料，例如：瀏覽權限、觀看次數、留言數

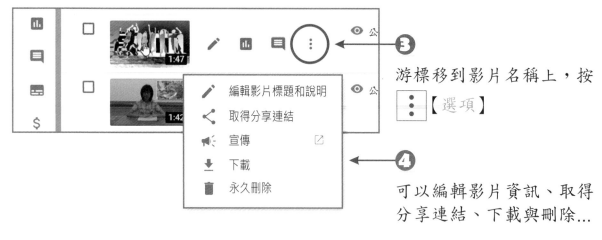

3
游標移到影片名稱上，按
⋮【選項】

4
可以編輯影片資訊、取得
分享連結、下載與刪除...

5
點一下影片縮圖

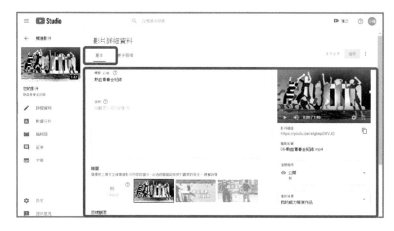

6
在此頁面(基本)，可修改
標題、說明、縮圖、瀏覽
權限、播放清單、目標觀
眾...等等

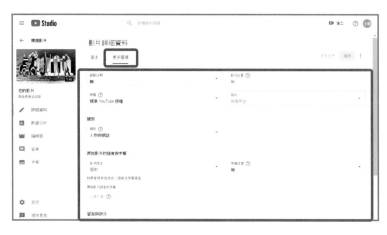

7
按【更多選項】

在此可設定授權方式、是
否允許留言...等等

練功囉

( )**1** 威力導演的影片拼貼功能，放在哪個選項下？

　　1. 檢視　　　　　　2. 編輯　　　　　3. 外掛程式

( )**2** 使用 Google 雲端硬碟可以做什麼？

　　1. 備份　　　　　　2. 分享　　　　　3. 以上皆是

( )**3** 想分享 Google 雲端硬碟的檔案，要在檔案上按右鍵，
　　然後點選？

　　1. 下載　　　　　　2. 共用　　　　　3. 移至

( )**4** 想發布影片，要在 YouTube 頁面上按哪個按鈕？

　　1. ⊞　　　　　　　2. ◧　　　　　　3. 🔔

學到這邊，從取得素材、美化影像，到企劃、編輯影片，其實一點都不難，只要發揮巧思、善用工具，威力小導演就是你喔！

加油！

威力導演 影音剪輯超簡單 (17,18 版本適用)

圖書編號：SA39
ISBN：978-986-96307-5-7

作　　者：小石頭編輯群・夏天工作室
發 行 人：吳如璧
出 版 者：小石頭文化有限公司
　　　　　Stone Culture Company
地　　址：臺北市內湖區康寧路三段22-1號2樓
電　　話：(02) 2630-6172
傳　　真：(02) 2634-0166
E - mail：stone.book@msa.hinet.net
郵政帳戶：小石頭文化有限公司
帳　　號：19708977

致力於環保，本書原料和生產，均
採對環境友好的方式：
・ 日本進口無氯製程的生態紙張
・ Soy Ink 黃豆生質油墨
・ 環保無毒的水性上光

PRINTED WITH SOY INK
ECO-PULP

國家圖書館出版品預行編目(CIP)資料

威力導演 影音剪輯超簡單

小石頭編輯群・夏天工作室 編著
- 臺北市：小石頭文化，2020.04
　　　面；　公分

ISBN 978-986-96307-5-7 (平裝)

1. 電腦教育　2. 多媒體　3. 數位影像處理
4. 小學教學

523.38　　　　　　　　　　109004677

定價249元 ・ 2020 年 04 月　初版

書局總經銷：
聯合發行股份有限公司
電話:(02) 2917-8022

學校發行：
校園文化事業有限公司
電話: (02) 2659-8855

零售郵購：
服務專線: (02) 2630-6172